# MES ANNEES LAG

## UNE HISTOIRE DES GUITARES LAG A TOULOUSE 1978-1995

FRED. GARCIA

*A Julie, Rachel, Tristan, aux enfants des enfants des enfants du rock*

Édition : BoD – Books on Demand, info@bod.fr
Impression : BoD – Books on Demand, In de
Tarpen 42, Norderstedt (Allemagne)
Impression à la demande
ISBN : 978-2-3220-4427-6
Dépôt légal : mars 2023

« Life is not finding yourself but creating yourself. »

Bob Dylan

# 1978- 1979 Rencontre avec « Chave », le nom LAG.

Nous étions une vingtaine dans cette pièce, des hommes et des femmes assis sur des chaises dépareillées. Face à nous, derrière un petit bureau, se tenait un homme d'une soixantaine d'années aux cheveux blancs et aux traits larges et débonnaires, la blouse ouverte sur un bel embonpoint. Le bon docteur Fallières, assisté de sa femme assise à sa droite, faisait sa conférence mensuelle de préparation à l'accouchement sans douleur que nous suivions assidûment ma femme et moi. Nous étions chez lui, dans une pièce de sa maison de la rue du Rempart St Etienne au parquet craquant, un soir d'été 1978 à Toulouse.

Sa méthode était un compromis original entre l'accouchement sans douleur inventé en Union Soviétique avant-guerre et ses propres découvertes en tant que médecin gynécologue toulousain. Il n'était pas très bien vu par l'ordre des médecins mais tous les couples ici présents qui attendaient un enfant, buvaient ses paroles et appréciaient son incroyable préparation à l'accouchement qui s'adressait aux mères mais aussi aux pères.

Nous étions-là, ainsi qu'un jeune couple que j'avais déjà remarqué les fois précédentes et qui se tenait à présent une rangée derrière nous sur la gauche. Lui très brun, la peau blanche, même pas trente ans, les cheveux longs, très soigné de sa personne jusqu'aux sourcils. Elle, petite, avec une étonnante chevelure noire frisée encadrant un visage pomponné, un corps mince serré dans une robe fleurie. Un tissu de couleur dans les cheveux, un maquillage léger, du rouge à lèvres, on sentait en elle une vivacité frémissante sous son air sage. Ils formaient un couple remarquable au sein de notre groupe et nous aussi sans doute, car on voyait bien qu'ils nous lançaient des regards de temps en temps. On vivait à la campagne à cette époque ma femme et moi. On était vêtus plutôt « country side » dans un style hippy décroissant, cheveux longs, un hâle bronzé de bonne santé sur les joues. A la fin de la conférence on avait discuté en bas dans la rue en fumant une cigarette. Il s'appelait Michel Chavarria et sa femme Dani.

–    Et tu fais quoi dans la vie ? m'avait-il demandé
Je suis psycho. Je bosse dans une institution au Port St Sauveur, pas loin d'ici, au bord du canal, en face de la caserne des pompiers, tu vois ?

–    Oui, oui, très bien. Et ça va ?
–    Pas facile, fais-je en tirant sur ma clope. Je bosse avec des filles en internat qui souffrent de problèmes de personnalité et de déficiences diverses. On n'arrive pas souvent à les faire sortir de leur état. C'est un peu triste à force ! Heureusement je bosse à temps partiel, et le reste du temps on le passe à la campagne à Beaumont sur Lèze, à une trentaine de bornes de Toulouse. On

cultive un grand jardin, on a une petite fille, des poules, des lapins !

En quelques mots j'essayais de lui camper notre vie atypique à la campagne avec Julie, notre petite fille de cinq ans. Tout cela leur paraissait passionnant, ils n'en revenaient pas, ils étaient émerveillés par les enfants et très centrés sur la naissance de ce premier bébé qu'ils attendaient.

— Et toi qu'est-ce que tu fais ? je demandai à mon tour.

— J'étais en fac d'anglais mais j'ai arrêté. A présent je répare et je fabrique des guitares électriques, il me fait très sérieusement en penchant la tête un peu sur le côté et en me regardant droit dans les yeux qu'il avait noirs et perçants.

— Ah bon !? je fais, franchement surpris, n'ayant jamais imaginé que cela puisse être un métier.

— Et où ? je rajoute, ne sachant trop quoi dire.

— En bas dans mon garage, près du Cours Dillon, mais je te montrerai. Tu viendras ? Vous viendrez ?


Nos enfants, ma fille Rachel et son fils Damien, étaient nés fin 78 dans ces seventies hippies qui avaient marqué toute notre génération. On s'habillait comme on voulait et parfois on se déguisait ! On vivait en couple ou en communauté, à la ville ou à la campagne, on formait des tribus. Avoir un travail n'était pas la chose la plus importante. On voulait avoir du temps, réussir d'un point de vue personnel, pas matériel, on ne voulait pas faire n'importe quoi de nos vies.

Autour de moi personne ne pensait à s'enrichir. La bagnole d'occasion était le principal objet de modernité dont nous disposions avec la chaine hifi et les disques. On se reconnaissait à des signes, aux fringues, aux cheveux, on se retrouvait lors de concerts où on entrait presque toujours gratuitement, on faisait de la musique, il y avait toujours une guitare quelque part où qu'on aille.

Michel et moi avions sans doute beaucoup plus de choses en commun que les apparences à l'époque ne le laissaient supposer. Nous étions très différents, mais pour le zodiaque nous étions deux lions, issus de pères espagnols mariés à des françaises et peut-être que ce lien, jamais véritablement évoqué entre nous, avait été déterminant pour la suite. Peut-être qu'il nous avait amené à fonctionner comme deux frères, solidaires et rivaux parfois, mais nous faisant mutuellement confiance. Sentions-nous déjà que nous allions faire un bout de chemin ensemble ? Moi, pas du tout.

La première fois que j'étais allé chez Michel et Dani c'était un soir. Depuis la rue par-dessus le mur on devinait une maison à un étage aux murs ocres, aux formes arrondies, avec de belles fenêtres pourvues de persiennes et décorées de jardinières. De grands arbres entouraient la bâtisse comme un parc. Un sentier bordé de yuccas aux feuilles longues et pointues comme des sagaies conduisait à un perron, puis à une entrée perchée en haut d'un escalier protégé par un petit toit de tuiles.

L'étage où ils vivaient était cosy, décoré avec goût. Parquets cirés, coussins chamarrés, napperons de dentelle, fleurs séchées, photos léchées. Michel était un très bon photographe. La porte de l'atelier donnait sur l'arrière de la maison, au rez-de-chaussée, et pour y accéder il fallait passer sous un gros figuier. Avant même de pénétrer à l'intérieur on était frappé par une incroyable odeur de bois et de sciure mêlée à des relents de vernis. Je la sens encore cette odeur ! Une fois passée la porte on découvrait une grande pièce aux murs jaunis éclairée par des néons. En face de l'entrée un espace était réservé à l'accueil avec des affiches de concert sur les murs et des étuis de guitare fatigués rangés dans un coin. Une porte donnait sur un petit réduit où Michel faisait des vernis.

– Je voudrais faire une cabine de peinture ici, me dit-il en me montrant la petite pièce encombrée. J'ai beaucoup de vernis à faire et on ne fait pas du bon boulot dans ces conditions. Faut que je m'équipe !

J'écoutais et découvrais le petit compresseur, le pistolet, les tuyaux, les gobelets tachées de peintures de toutes les couleurs, les chiffons, l'acétone, et je ne disais rien. Michel m'entraînait vers les établis faits de gros madriers montés sur des moellons cimentés peints en blanc et couverts de poussière. Des gabarits de toutes sortes pendaient aux murs. Le plan de travail principal se trouvait au niveau des fenêtres donnant sur le jardin. Sur le mur opposé une porte donnait sur une autre pièce qui servait de bureau. Au centre de cette pièce se trouvaient une grande table sombre, quelques chaises, un gros téléphone gris à cadran, des catalogues, des magazines de musique, des papiers, des cartes de visites, un tampon, un facturier, des paquets de clopes, des cendriers, des dessins de guitares sur papier millimétré punaisés sur les murs. Enfin il y avait encore une autre pièce sans fenêtre qui servait de débarras et de stockage. Les murs étaient couverts de poussière et de sciure car se trouvaient là une antique scie à ruban qui arrivait presqu'au plafond ainsi qu'une petite rabau-dégau Kitty rouge et jaune, flambant neuve.

Michel dirigeait la visite clope à la main et m'expliquait tout un tas de choses que j'écoutais d'une oreille seulement, car mes yeux parcouraient aussi les quatre coins de l'atelier, impressionnés par tout ce qu'ils voyaient pour la première fois. Les placages de loupe d'orme ou de tuya, foncés et tarabiscotés, la colle de poisson figée dans le bain marie, les serre-joints de toutes tailles et les guitares en construction ou en réparation qui m'attiraient de toutes parts. J'avais écouté Michel qui paraissait très satisfait de ce qu'il faisait et de ce qu'il gagnait, et la découverte de cette existence, tout entière centrée sur une passion et une décision si manifestement assumée, par un mec aussi jeune, m'avait tout simplement chamboulé.

Nous nous entendions bien et nous nous invitions régulièrement. Une fois les enfants couchés, on écoutait des disques et on se réchauffait autour d'un poêle à bois en fumant des cigarettes les unes après les autres. On parlait politique, on réagissait à l'actualité en participant parfois à des manifs et en lisant des journaux comme Charlie Hebdo qui venait de paraître. On était encore dans les années 70, on n'avait pas la télévision ni les uns ni les autres, et le téléphone fixe sonnait à peine une fois par jour. On allait souvent au cinéma Le St Agne où on pouvait fumer dans les fauteuils pendant la séance.

Dès mes premières visites, Michel m'avait montré le disque qu'il avait enregistré avec son groupe Madrigal. Au dos de la pochette une photo sépia montrait les membres du groupe installés dans le salon d'un château, debout ou alanguis dans des fauteuils anciens, en tenue de damoiseau ou vêtus de fourrure, maquillés et prenant la pause, comme Michel avec une guitare. Je ne savais pas encore que je retrouverais certains de ces musiciens comme Paul ou François dans l'aventure des guitares LAG.

J'étais allé écouter Madrigal une fois dans un amphi à la fac du Mirail et j'avais bien aimé, même si ce n'était pas la musique que j'aurais écoutée pour mon plaisir. C'était très construit et mélodique avec des voix perchées, plutôt pop que rock et c'était comme cela que je voyais aussi Michel, dans une sensibilité pop et Beatles, alors que moi j'étais plus attiré par Dylan, les Stones ou CCR. Michel à l'époque ne buvait ni bière ni vin, exceptionnellement un tout petit peu de champagne les grands jours et on se moquait un peu de lui je me souviens. En revanche, il était très professionnel dans tout ce qu'il faisait, il chantait et jouait très bien de la guitare et avait une collection de disques impeccablement rangés et classés que l'on écoutait assis par terre comme cela se faisait à l'époque sur le parquet ciré parmi les coussins.

Il avait surtout décidé de fabriquer des guitares et on parlait beaucoup de ça entre nous. Je le voyais avancer jour après jour, creuser son sillon. Il n'était pas salarié comme moi, et j'enviais sa liberté, avec ses joies et ses peines. Moi je n'avais jamais envisagé un tel parcours. Issu d'un milieu modeste et d'origine rurale, je n'avais jamais imaginé autre chose que d'être salarié quelque part. Je n'avais jamais pensé que l'on puisse suivre son désir et en faire son activité et vivre comme cela, au fil de l'eau et de l'aventure. Je le sentais comme en avance sur moi et cela m'agaçait et m'attirait confusément.

*Je voulais que François me raconte sa version sur l'origine du nom LAG, et donc, j'étais passé le voir comme ça m'arrivait de temps en temps. Il s'était installé avec Nico Barbe et Félix, rue de la Colombette à Toulouse. C'était toujours un plaisir de flâner dans leur superbe magasin rempli de bonnes guitares et j'y étais toujours bien accueilli. Nous étions sortis fumer une clope, assis autour de la petite table ronde installée contre le mur dans la cour.*

*— François que sais-tu du nom LAG, comment a-t-il été trouvé ? Et d'abord, y étais tu ?*

*— Non je n'y étais pas, mais ce que Michel m'a raconté c'est qu'il cherchait un nom pour ses guitares, et alors il demandait à l'atelier aux clients et à tous ceux qui passaient s'ils avaient une idée de nom.*

– *Et je crois que c'est le gratteux de Potem, le fameux groupe toulousain Potemkine qui l'a trouvé, non ?*

– *Eh bien, Michel avait une fois de plus posé la question aux personnes dans l'atelier et effectivement il y avait cette fois-là Charles Goubin qui lui avait lancé « T'as qu'à les appeler LAG puisque t'es rue Laganne ! ». Ça lui était venu comme ça, tu vois.*

– *Et c'est tout ?*

– *Ben non, parce que quelques semaines plus tard Charles s'est tué en bagnole avec sa copine en rentrant de la mer. Ils se sont pris un camion. Ça a été terrible ! Une catastrophe pour tous ceux qui les connaissaient, les aimaient et ils étaient nombreux.*

*La fin de Potemkine ... et le début de LAG... ?*

## 1980- 1981 Le temps du changement, la martingale.

L'hiver avait été long et harassant pour notre famille dans la ferme sur les coteaux. Neige, pluie, bois humide, chauffage insuffisant, enfants malades, véhicule accidenté, animaux en surnombre, avaient fait de cet hiver un véritable cauchemar. Les pieds dans la neige nous avions pris la décision de rentrer définitivement en ville, mettant un point final à une aventure rurale géniale, qui avait duré dix ans, mais qui ne pouvait plus continuer. En septembre 1980 nous nous installions définitivement à Toulouse, rue du Midi, dans un F5 au premier étage d'une barre blanche et grise qui en comptait douze, avec des coursives venteuses au nord et des balcons ensoleillés au sud. Les Ablettes répétaient dans un garage en face de chez nous « Ah ! tu verras, tu verras » la chanson de Nougaro, avec des dégaines dignes des Clash et une vieille ficelle en guise de sangle à la guitare.

L'élection de Mitterrand en mai 81 avait été un véritable tournant. C'était énorme tout ce monde qui avait envahi les rues partout en France le soir du résultat. Trente-six ans après la fin de la guerre et treize ans après mai 68, un président de gauche était élu insufflant un espoir et un élan nouveaux à l'ensemble de la société. L'alternance démocratique, qui paraît aujourd'hui une évidence, n'était pas une réalité pour notre génération d'après-guerre qui n'avait connu que la droite. L'effervescence avait duré plusieurs mois. Cela avait ouvert des fenêtres partout, dans les esprits, et décomplexé le rapport à l'entreprise pour des gens comme moi, qui jusque-là n'imaginaient pas, par exemple, que l'on puisse être à la fois chef d'entreprise et de gauche. C'était comme si le monde s'ouvrait aux nouvelles générations. On avait l'impression d'être aux manettes et de pouvoir tout faire. Aux jeunes, à présent, d'assumer la production, l'économie et les emplois, et de prendre en charge le PIB de la France ! Il y avait dans l'air un peu de cet esprit « fleur au fusil » et un climat euphorisant et bénéfique qui favorisait dans la société l'idée du changement. Ainsi s'était formée, dans ce contexte et au contact de « Chave », l'idée que je pouvais gagner ma vie autrement qu'en étant psychologue et salarié. Je commençais à me sentir sacrément enfermé dans cette institution catholique du Port st Sauveur. Je voulais en sortir, mais ça ne s'était pas fait d'un coup.

Un soir, alors qu'on était en train d'écouter « babooshka, babooshka » de Kate Busch assis par terre parmi les coussins, Michel s'était tourné vers moi, l'air préoccupé et m'avait dit :

– Fred, je n'en peux plus ! Je t'assure, trop de boulot ! Non, ne dis pas que c'est bien ! J'ai trop de réparations, plus le temps de les faire et des commandes de guitares qui tombent. J'y suis tous les matins à sept heures même les samedis ! Je suis crevé, je sais plus comment faire !

Il avait un ton plaintif, les sourcils froncés, la mine défaite. Je l'avais écouté raconter ses journées, les opérations difficiles qu'il avait dû faire, le vernis qui n'avait pas séché, les commandes de guitares et les réparations qui s'accumulaient. Il racontait d'une voix monocorde décrivant tout en détail avec de nombreux adjectifs et des phrases bien faites et longues qui faisaient que je restais suspendu à ses lèvres. Je voyais bien qu'il gérait des tas de choses différentes et difficiles, mais elles m'apparaissaient en même temps passionnantes et j'enviais secrètement ce type de préoccupations !

   — Je cherche des gens, me dit- il. Paul va me filer un coup de main pour les réparations. Il a l'œil. Il sait faire déjà pas mal de choses. Tu vois qui c'est ? Le bassiste qu'on avait avec Madrigal.

   — Celui qui a la fourrure sur la pochette du disque ?

   — Oui. Il me fera des réparations comme ça je pourrai me consacrer davantage à la fabrication des guitares. Y a plein de taf tu vois, tout prend du temps.

   — Ecoute, oui, je comprends. Et je n'avais pas su quoi dire.

Ce n'était pas ce qu'attendait Michel qui était débordé, mais j'avais parfaitement entendu sa demande et même si j'étais engagé ailleurs, si je ne me sentais pas libre, j'en étais troublé. Je n'aurais jamais pu imaginer qu'un truc comme ça m'arrive, alors que j'en rêvais plus ou moins consciemment. Et là, soudain, une fenêtre s'ouvrait dans mon petit monde, un courant d'air balayait tout sur son passage et me faisait frissonner. Une vie comme celle de Michel était-elle possible aussi pour moi ? Je n'avais pas rêvé ?

Je n'avais pas pris la décision d'abandonner mon poste de psycho facilement. J'avais deux filles toutes jeunes et je ne pouvais pas partir à l'aventure, or Michel ne pouvait pas me salarier. C'était compliqué.

Je m'étais tiré le Yiking, un livre de divination chinois et j'avais demandé à l'oracle en manipulant les baguettes de bois : « Dois - je quitter mon boulot et aller chez LAG ? ». La réponse avait été évasive mais profonde, comme toujours, et je l'avais interprétée comme positive, car je désirais vraiment ce changement.

Tout de même la décision était difficile à prendre. Je cherchais une formule, une martingale gagnant-gagnant. Michel ne me donnait aucune directive et n'avait aucun plan concret me concernant. Il était trop occupé. Il me montrait des choses simples, dégauchir du bois, faire des cales, fabriquer des barres de réglage de manche. J'allais à l'atelier quand je pouvais et j'aidais de mon mieux.

De temps en temps je croisais Paul qui faisait surtout des réglages de guitare et des réparations. De taille moyenne, cheveux châtain clair, toujours bien rasé, il avait un côté doux, bien éduqué. Il n'avait pas une dégaine de rocker mais il maniait un humour ravageur très pince sans rire. Il critiquait à peu près tout.

– Tu vois Fredo, les guitares d'aujourd'hui ne valent rien !

Il discutait avec Michel ou avec des clients et je ne me permettais pas trop d'intervenir dans leurs échanges, car je les sentais dans une grande connivence de musiciens, parlant volontiers technique et citant des marques, des groupes ou des morceaux que je ne connaissais même pas ! Paul se demandait peut-être secrètement ce que je faisais-là et je n'étais moi-même pas très au clair avec ma situation. C'était comme un stage bénévole et gratuit chez un pote, mais objectivement on n'avait parlé de rien et ce n'était pas facile pour moi dans ces conditions de trouver ma place.

Patrick avait dix-huit ans et fabriquait les circuits d'électronique active pour les guitares. Il avait un sourire qui fendait sa grande bouche d'une oreille à l'autre. Je voyais qu'il était heureux d'être là. Il ne passait pas souvent.

Par un samedi matin ensoleillé Michel et moi avions percé le mur de la maison qui faisait bien 60 cm de large, et pratiqué une ouverture cylindrique suffisante pour y encastrer le ventilateur Devilbiss que l'on venait d'acheter. Il fonctionnait en extraction et soufflait vers l'extérieur en ronflant comme un avion sur le petit chemin qu'on empruntait pour aller à l'atelier. Il valait mieux se méfier car au passage on pouvait se retrouver peint de toutes les couleurs !

Moi qui passais mon temps assis dans un bureau, je me régalais de pouvoir bouger et de faire des choses de mes mains. Je m'étais installé dans la pièce noire pleine de sciure et de poussière où l'on faisait les débits de bois. J'apprenais à utiliser la scie à ruban et la rabau-dégau. J'apprenais à faire des joints plats invisibles au collage, mais je ne réussissais pas à tous les coups. Je faisais des réglages de manche et de justesse à l'octave que Michel ou Paul venaient vérifier.

J'aimais les changements de rythme qu'apportaient les clients qui passaient à l'atelier pour amener ou récupérer une guitare en réparation. Tous trainaient un peu car le lieu les fascinait. Ils racontaient les potins du monde musical toulousain et avec certains on rigolait bien. Et puis les clients qui venaient commander une guitare sur mesure étaient déjà à l'époque des musiciens confirmés, des gens vraiment intéressants et j'adorais cette ambiance.

Voir Michel travailler était un pur plaisir. Il était soigneux et appliqué dans ses gestes et n'hésitait pas dans son mouvement, que ce soit avec un outil ou un crayon. Je le regardais travailler avec ravissement un peu comme je regardais faire mon grand -père à l'atelier quand j'étais plus jeune. Je réalisais en même temps la difficulté que j'aurais pour acquérir son habileté manuelle. Il fallait être très précis et assuré, et avoir aussi un bon sens artistique pour gratter, par exemple, le vernis sur un filet de bord de caisse en suivant bien toutes les courbes et que ce soit beau. Je ne me sentais pas capable d'une telle application et cela compliquait la façon dont je pouvais envisager mon intégration dans l'aventure en tant que membre actif. Michel nous fournissait un modèle et nous demandait inconsciemment de lui ressembler, d'avoir les mêmes qualités, de faire ce qu'il faisait. Je le voyais comme un bel exemple mais je me rendais compte que je ne pouvais pas être comme lui.

Pourtant je cherchais moi aussi à ouvrir mes ailes et Michel l'avait vu. Sans doute pensait-il que j'étais fiable, que j'avais un certain potentiel et il me laissait de la place.

J'étais psycho dix-huit heures par semaine et je passais régulièrement à l'atelier. J'apprenais des tas de choses, j'enregistrais ce que Michel disait, les contacts privilégiés qu'il avait avec les magasins de musique toulousains, comment il trouvait des solutions à ses problèmes, comment il envisageait le futur. Il n'avait aucune envie de rester artisan. A présent, Michel se sentait à l'étroit dans son atelier sous sa maison. Il y avait fait sa formation à la lutherie pendant quelques années avec son pote Daniel, luthier en violons et il avait continué tout seul. Malgré l'aide de Paul, il sentait que ce n'était plus adapté et qu'il fallait passer à une autre étape. Il rêvait d'un grand atelier bien organisé où l'on pourrait bosser dans de meilleures conditions. « Bosser » c'était le maître mot !

Enfin un jour, la martingale, le coup que je pouvais jouer, m'était apparu. J'avais appris qu'un salarié porteur d'un projet d'entreprise pouvait, sous certaines conditions, démissionner de son poste et être rémunéré pendant dix mois au même salaire, tout en suivant une formation à la création d'entreprise. Je postulai immédiatement et fus sélectionné. Je pouvais être rémunéré pour monter une boite de guitares dont je pourrais être par la suite salarié, si tout se passait bien !

Ma femme, qui travaillait à l'époque dans une Boutique de Gestion et fréquentait des créateurs d'entreprise ne s'était pas élevée contre mon projet dans ces conditions. Elle devait sentir elle aussi qu'un peu de changement nous ferait du bien. Mon cœur battait très fort, mais il fallait encore que j'en parle à Michel et qu'il soit d'accord. Je m'en faisais un peu une montagne.

Nous étions en bas dans l'atelier. Il rangeait des outils sur l'établi et moi j'expliquais la chose en bougeant à droite et à gauche et en fumant compulsivement.

   – Ecoute, je serai plus utile en montant un bon projet, en trouvant les financements, et en gérant les choses plutôt qu'en restant à l'atelier où mes qualités manuelles et techniques n'ont impressionné personne, tu es d'accord ? Je serai payé donc ça ne va rien coûter et je vais bosser sur des choses dont personne n'a vraiment le temps de s'occuper, il faut le reconnaître. Qu'est-ce que tu en penses ?

Il était resté silencieux un bon moment puis avait fini par dire :

   – Oui, vas-y fais le Fred, et il était sérieux.

Je l'avais remercié, car il aurait pu ne pas apprécier que je joue ce rôle dans un projet qui était encore totalement le sien. J'avais réussi ! J'avais enfin trouvé une place dans cette équipe pour mettre en œuvre la création d'une nouvelle entreprise, avec l'accord de Michel, je n'en revenais pas.

J'avais bien dormi cette nuit-là, mais cette décision n'avait pas eu d'impact que sur moi. A partir de là les choses s'étaient accélérées et avant même que ne commence ma formation !

# 1982 Boost à l'atelier, Patrick au Foxy, la sarl.

L'activité de l'atelier allait croissant. De tout le département on amenait des guitares à régler, ça s'accumulait. Les commandes d'instruments sur mesure tombaient à allure régulière, une à deux par mois. Pour y faire face Michel avait créé deux trois modèles que le client pouvait éventuellement modifier à la marge. Ainsi il existait une base d'éléments réutilisables, formes de corps, de têtes, gabarits pour les cavités de micros, de l'électronique, pour fabriquer de nouvelles guitares plus vite.

Faire avancer tout cela demandait une frénésie permanente. Paul faisait des réparations toute la journée et donnait des coups de main à Michel qui recevait les clients, s'occupait des vernis, commandait les pièces, fabriquait les guitares de A à Z, travaillant tard le soir et tôt le matin. Il nous montrait ses dessins en se reposant entre deux couches de vernis et assurait les relations publiques avec les artistes de passage dans la ville rose, à l'occasion. Il avait créé un logo LAG en lettre a set en jouant sur la forme du l et du g qui entouraient le « a » comme l'auraient fait deux mains protectrices tournées l'une vers l'autre. J'étais toujours ému quand je revoyais ce premier logo LAG.

Au fil de l'année 82, l'atelier avait livré une bonne vingtaine d'instruments sur mesure et nombre de ces premiers clients étaient restés des amis : Gégé, Dutheil, Rosendo, Barthès, Laffon, Amsellem, Le Millour, Marcos, Philo des « Ablettes », Burstert, Maeso et sa basse « jaune nuit », pour ne citer qu'eux, car nous les avions revus au cours de notre vie professionnelle. Et chaque fois leur rencontre nous faisait chaud au cœur.

 –  Et tu te souviens de Montoyat, me disait Paul ? Il nous broyait la main quand il nous la serrait !

 –  Oui je me souviens, c'était terrible ! Personne ne voulait être le premier, on flippait ! Ça faisait mal, il nous serrait la main en souriant !

 –  Ça va ? Crac !

Michel avait fait la rencontre de Nicole Rieux et fabriqué pour elle une petite guitare toute en acajou du Honduras, couleur lie de vin qu'elle semblait beaucoup aimer sur la photo punaisée sur un mur du bureau. Il avait aussi fait la connaissance de Marcel Dadi, une véritable star de la guitare dont les disques de picking avec tablatures, « La guitare à Dadi », tournaient sur toutes les platines jusqu'aux fermes les plus reculées d'Ariège. Cette rencontre s'était soldée par une commande d'instruments un peu informelle pour le magasin Dadi Musique à Pigalle. L'atelier avait aussi enregistré une commande de basse pour Christian Padovan qui accompagnait Julien Clerc, Balavoine, et j'avais personnellement noté toutes les spécifications : bleue nuit métallisée, un micro précision et un jazz, des dégagements importants à la jonction corps-manche, circuit électronique grave-aigu type Baxandall.

La cabine de vernis donnait un peu plus d'aisance à Michel mais elle était petite pour toutes ces commandes. Je revoyais ces guitares M3 Collection violettes, le corps effilé, plaquées de sycomore ondé qui séchaient dehors dans la cour, pendues sous le gros figuier. C'était comme un arbre de Noël d'où pendaient des guitares à chaque branche. Je nous revois, on était toute une bande, assis sur des chaises dans le jardin à fumer et à raconter des histoires en regardant les guitares sécher. Etaient-ce les guitares pour Dadi ? Ou celles pour ce Salon de la Musique au Parc Floral de Vincennes, où l'on n'avait pas pris de stand mais où Mr Becker, l'organisateur, avait accepté que l'on mette des guitares à l'extérieur, de part et d'autre de l'entrée principale, afin que les clients et visiteurs qui entraient et sortaient puissent les voir ? En Avril 1982 ? Est-ce que ce n'était pas cette fois-là aussi, au retour, qu'on était passés chez Delaruelle ? Il fallait que je parle de ça avec quelqu'un qui y était. Patrick avait été le premier à répondre.

*J'ai rendez-vous avec lui au Foxy, un petit restaurant tenu par des jeunes au pied du pont des Catalans. C'est une fin de matinée assez lumineuse et froide. Par une fenêtre, je vois qu'il y a du monde dans la salle. J'attache mon vélo et pousse la porte. Patrick a fait réserver une table où je m'installe. Je pense aux questions que je veux lui poser.*

*Il a sûrement changé, cela fait bien quinze ans que je ne l'ai pas vu. Il arrive.*

Il n'a presque plus de cheveux, ou alors très ras mais je le reconnais bien, il a conservé son sourire et son regard vibrant. On est heureux de se revoir et très vite on est en plein sujet, Patrick a quelques souvenirs très nets.

— Oui je me rappelle, on était montés au Salon de la Musique, il y avait Paul, Michel, toi et moi et on avait montré les guitares à l'extérieur, on faisait venir des gens pour les voir !

— On s'était fait remarquer n'empêche ! Je crois que Michel avait fait la connaissance de Mr Becker l'année précédente quand il était monté au salon avec la famille Baron.

— Ouais sans doute. Nous on était montés avec ton camion.

— Le Ford Transit ? Le bleu blanc dégradé que m'avait peint Michel ?

— Oui, et même on avait dormi tous les quatre dans le camion le soir dans une petite rue de Montmartre serrés contre le trottoir, et tu ne te souviens pas pendant la nuit ? Y avait un mec qui avait passé son bras par la fenêtre, il cherchait à ouvrir la porte et je regardais son gros bras poilu les yeux écarquillés complètement sidéré puis on avait gueulé et il s'était barré !

— Oui ! Oui ! ça me revient ! C'était énorme !

En revanche Patrick ne se souvient pas qu'on ait livré des guitares à Dadi cette fois-là.

Je lui demande ensuite :

— Tu te souviens quand on est passés chez Delaruelle ?

— Ah ! Oui ! Dans l'Oise ! Quel coin paumé ! C'était la fin de l'après-midi, il pleuvait. On avait roulé pendant des bornes. Je ne sais même pas comment on était arrivés là.

— On avait une carte, pardi ! Comment on faisait à l'époque ? Mais c'est vrai qu'il faisait quasiment nuit quand on était arrivés là-bas. Et tu te souviens du Honkr ? Cette silhouette grossière et inquiétante vêtue de haillons qui coupait du bois en poussant des cris terribles quand on s'est garés ?

— Oui ! Complètement flippant le mec sur son tas de bois à la nuit tombée avec sa hache. Ambiance Délivrance ! Et il était sourd ! On l'a appris après tu te rappelles ? C'est pour ça qu'il criait ! On le voyait se découper sur la clarté du ciel au sommet d'une pile de bois tel Quasimodo !

On se marre tous les deux à table comme si on revivait la scène, comme s'y on y était !

— Et tu te souviens de l'odeur ?

— Terrible ! L'odeur de l'os, il fabriquait des sillets Delaruelle. Et ça pue drôlement l'os quand tu le fais bouillir pour le nettoyer et ensuite quand tu le scies !

— Ça avait été très intéressant comme visite. Paul avait halluciné devant les machines pour la fabrication des mécaniques, tu sais les mécaniques sur platine type guitare classique qu'il fabriquait.

– *Oui, moi j'avais flashé sur les boutons et sur le stock de pièces détachées et de matériaux, déjà ! Il travaillait le crin pour les archets, la nacre. Il fournissait les fabricants de guitare français, les Jacobacci, les luthiers de la rue de Rome, les manouches.*

– *Michel voulait savoir s'il pouvait nous fabriquer une machine pour faire les traits de scie des frets d'un coup en un seul passage. C'est pour ça qu'on était venus.*

*Nous mangeons et bavardons à bâtons rompus et avant de nous quitter je lui demande ce que lui évoque l'atelier de la rue Laganne :*

– *Eh bien je revois Félix, le père de Michel qui passait souvent, et puis je revois Mr Murillo et sa petite boite d'électronique Multison, qui faisait de la sono et occupait tout un pan du grand jardin de la maison de Michel. C'était une aubaine pour nous chaque fois qu'il y avait un problème d'électronique ou de matos. Ils étaient très serviables. Et puis ce jardin, c'était vraiment un bout de campagne au centre-ville !*

L'été précédant le début de mon stage, Michel nous avait fait part de son projet de passer en société. Des parents ou des proches l'avaient conseillé et avaient élaboré des statuts très classiques de Sarl. En octobre 1982 nous nous étions retrouvés Michel, Paul et moi à fonder la Sarl LAG Guitare Lutherie au capital de 20.000 Francs (3000 euros) dont Michel était le gérant, sans trop y avoir réfléchi ensemble, mais en étant « pour ».

Un samedi matin au petit jour, nous étions tous les deux, Michel et moi, dans l'atelier. La basse de Padovan avait fini de sécher pendant la nuit, le rendez-vous était pris pour la livraison chez lui, à Paris, dans la journée. L'instrument était magnifique, parfaitement verni et lustré d'un bleu électrique. Il manquait juste à mettre les attaches courroies. Michel avait posé la basse debout sur l'établi pour percer la corne supérieure avec la mini perceuse quand soudain la basse avait ripé, glissant contre l'établi et les moellons de béton en faisant un énorme scratch sur le vernis ! Je n'avais jamais vu Michel aussi malheureux. Il était décomposé, livide, il s'en voulait à mort. Cette guitare abimée qu'il ne pouvait réparer était une blessure personnelle insupportable.

Sans dire un mot nous avions chargé la 4L de Michel avec la basse et les guitares pour Dadi. Après neuf heures de Nationale 20 nous avions sonné chez Padovan. Michel avait une tête d'enterrement pendant qu'il racontait l'histoire à Pado qui ne pouvait s'empêcher d'être déçu. Il avait quand même joué la basse longuement, et elle lui plaisait, alors grand seigneur il nous avait payé le solde de la commande. Nous étions repartis avec la basse pour la revernir et la lui renvoyer aussi vite que possible mais nous sentions bien que nous n'avions pas été à la hauteur.

A Pigalle on s'était garés sur le trottoir pour décharger les guitares chez Dadi mais Marcel n'était pas au magasin, il n'y avait que ses parents un peu âgés qui n'étaient pas au courant de cette commande et surtout ne voulaient pas payer la facture. Nous, nous voulions un chèque, pas question de laisser les instruments sans contrepartie.

– Mais nous ne payons que par traite ! disaient-ils, s'étouffant d'indignation.

Michel avait tenu bon. On avait pu joindre Marcel au téléphone, tout le monde s'était calmé, nous avions récupéré des chèques et nous étions rentrés à Toulouse en 4L dans la nuit noire, tombant de sommeil, dormant sur des places de village avant de repartir. Cette journée avait été très longue et difficile, mais ce genre de mésaventure n'était pas du genre à nous arrêter.

## 1983 François, la Rage de Plaire, le stage créateur d'entreprise, Francfort avec RSF

Pour me remplacer à l'atelier et compléter son équipe pendant que j'étais en stage, Michel avait fait appel à François. Lors de notre première rencontre il était venu à vélo ce qui avait été salué comme un exploit par Paul et Michel avec force ricanements. Ils n'en revenaient pas qu'il ait abandonné sa célèbre 4L jaune !

– Les mecs, y faut que je fasse du sport ! Il se pinçait les bourrelets à travers un T-shirt moulant et coloré qui faisait un peu maillot de coureur cycliste.

Il était plutôt petit, brun avec des cheveux longs noirs et bouclés, et il souriait. Ils se connaissaient tous les trois et s'appréciaient tout en se balançant des piques. Je commençais à me dire que dans cette équipe, tous avaient des personnalités vraiment bien trempées et qu'il allait y avoir du sport. Mais ça tournait très bien comme ça.

A l'atelier les réparations et les commandes de guitares ne faiblissaient pas bien au contraire. Nous avions finalisé la première gamme de guitares LAG à partir des trois modèles créés par Michel et disponibles version « Concept », grande époque du bleu-blanc dégradé, ou version « Collection » bois rares, filet de bord de caisse, accessoires dorés.

La M1 Collection était une véritable réussite. Michel avait créé un modèle très original par sa forme et sa finition reconnaissable entre toutes : accessoires dorés, table loupe d'orme, dégradé noir bordé d'un filet ivoire. Il nous fallait une belle photo de cette guitare pour en faire la promotion, car nous savions qu'elle serait l'image de proue de la gamme. Nous nous étions retrouvés pour une session photo dans le studio de Francis Bacon, un photographe Toulousain reconnu pour son savoir-faire dans le noir et blanc. Nous voulions une guitare en situation, dans les mains d'un guitariste. Nous avions choisi Serge Faubert, un cousin de Patrick, guitariste du groupe toulousain Casero, pour être le « guitar-hero » de cette pub. La photo était vraiment réussie.

D'un fond noir jaillissaient en pleine lumière la guitare brandie d'une main, et le buste de Serge visage baissé, la mèche rebelle, dans un mouvement plein de rythme entre ombre et lumière. La M1 Collection loupe d'orme apparaissait au premier plan dans ses moindres détails.

— Les mecs, maintenant il nous faut une accroche et un texte si on veut que ça puisse servir pour une plaquette ou une pub, je fais en récitant un peu mes cours.

— On se voit samedi dans l'aprèm pour y bosser propose Michel ?

— Tu peux venir Paulo ?

On s'était retrouvés autour d'un demi, et d'un Perrier fraise pour Michel, au Bar du Fer à Cheval, à deux pas de l'atelier ce samedi-là, et on y avait passé l'après-midi. C'était dur d'écrire, mais à six heures du soir on avait un bon texte de présentation mettant bien en avant tous les points forts qu'on voulait souligner et on avait trouvé un super slogan : « La rage de plaire ».

Oui nous avions la rage, nous étions narcissiques, en attente de gloire, mais aucun d'entre nous ne l'aurait reconnu, sauf peut-être Michel.

Cette époque-là était géniale. J'avais tous les jours des choses à voir à l'atelier, des questions à poser, des problèmes à résoudre. La formation que je suivais était pointue et individualisée et se déroulait dans les vieux locaux pleins d'histoire de l'ancienne Ecole de Commerce de Toulouse nichée au pied de l'église de la Dalbade.

Nous devions mener à bien la création d'une entreprise en six mois. Nous mettions les tables en rond et étions encadrés par des intervenants professionnels pour chaque matière : juridique, marketing, comptabilité, gestion, commercial. Nous étions une douzaine à vouloir monter un magasin bio, un club de danse, un labo de biotechnologies, ou autre chose et moi, une fabrique de guitares. Nous nous faisions face et devions exposer notre projet, son état d'avancement dans chaque discipline, et les autres devaient nous questionner, nous critiquer ainsi que le prof bien sûr. C'était très intéressant et formateur. La gestion et les prévisionnels me plaisaient bien et j'aimais la créativité qu'il fallait déployer dans ces domaines.

– T'en es où, toi, de la recherche du local, me demandait un collègue ?

– Je suis sur un truc à Roques sur Garonne, je dois voir le maire. Ça me plairait bien comme adresse « Rock sur Garonne » !

– Ouais, pas mal !

J'avais interrompu ma formation, car en début d'année s'était produit un évènement imprévu : nous allions participer à la Musik Messe, la grande foire internationale de la musique de Francfort ! Ruben Fernandez, PDG de RSF, petite entreprise toulousaine de synthétiseurs, s'était fait une réputation en équipant Jean Michel Jarre avec son modèle phare, le « Kobol », lors des concerts de Chine en 82. Il voulait exposer à Francfort, mais il manquait de tout ! Il était soi-disant en pleine restructuration, mais je n'avais pas réussi à comprendre réellement sa situation. Michel et lui se connaissaient bien puisque RSF fabriquait déjà les circuits d'électronique active des guitares via Patrick. C'était un deal d'après ce que j'avais compris, on l'aidait et on pouvait exposer avec lui gratuitement, ce qui était à n'en pas douter une excellente opportunité. Quand Michel nous avait présenté le projet, nous avions été enthousiastes, mais nous ne savions pas dans quoi nous mettions les pieds.

Un dimanche d'hiver clair et froid, nous étions partis dans la voiture flambant neuve de Ruben à une soixantaine de kilomètres de Toulouse, dans la vallée de la Lèze où j'avais vécu, à St Sulpice sur Lèze, où

RSF avait son local de production. Je voyais défiler par la vitre embuée les arbres dénudés d'une campagne frigorifiée que je connaissais bien.

– Qu'est-ce qu'on est censés faire là-bas ? je demande.

– Un pré montage du stand, répond Michel.


Nous étions arrivés au bord d'un champ, devant un local préfabriqué au crépit crème décoré des lettres RSF. Dans une vaste pièce glaciale se trouvaient de grandes plaques d'aggloméré type 153 x 230 qu'il fallait revêtir de moquette noire que l'on collait au néoprène en marouflant bien pour ne pas faire de bulles. Malgré le froid nous transpirions en remuant ces plaques et ces rouleaux de moquette. Pendant que certains s'activaient sur les cloisons, d'autres essayaient d'interpréter le plan et de monter les poteaux d'angle, les cornières alu qui maintiendraient les plaques verticales.

– Non là c'est l'auditorium ! C'est cette partie-là que tu fais ! Tu te plantes !

– Mais c'est pas possible, y a une erreur !

Le stand était grand et le travail pénible, et nous avions dû revenir le samedi suivant. Heureusement ce soir-là, Joe Jackson époque Night and Day, dans une salle obscure du côté de Blagnac, avec la belle Sue Hadjopoulos aux percussions, nous avait fait passer la fatigue en beauté. Un concert magnifique !

Pendant la semaine, à l'atelier, il fallait aussi produire les guitares qui seraient exposées à Francfort. Une M1 Collection, une Vintage d'un vert métallisé lumineux, une Blackbird, une basse et une guitare gauchère, cinq ou six instruments en tout.

– Et comment va-t-on monter tout ce matos ? Qui a un camion ?

On s'interrogeait. Ruben n'avait aucun budget, le néant ! J'avais alors pensé à mon copain Denis qui avait un J7 Peugeot et qui vivait dans le Lot où il faisait des chantiers. Il était libre et s'était proposé pour transporter le stand et rester avec nous sur place pour donner un coup de main, et bien sûr, tout ramener.

– Le salon démarre mercredi, je lui fais. En comptant un jour pour le montage et deux jours de route, il nous faut partir dimanche matin et être à Francfort le lundi soir. Y a à peu près 1400 bornes.

– On pourrait peut-être dormir chez une cousine que j'ai dans le Jura me répondit Denis, ça couperait la route. Je vais la prévenir.

– Bonne idée, à dimanche alors.


Le road trip avait démarré au petit matin, direction Carcassonne, sur la nationale 113, j'accompagnais Denis dans le camion. Michel et Ruben arrivaient le lundi soir par avion. Michel m'avait confié, bien plus tard, que c'était son beau-père qui lui avait payé le billet. Le J7 était blindé de matos jusque sur le toit où les longs profilés, roulés dans une bâche, faisaient comme un canon qu'on trimballait au-dessus de nos têtes. La route était longue mais je n'en avais pas gardé un mauvais souvenir. On se traînait à soixante-dix à l'heure sous les platanes dénudés et on traversait toutes les agglomérations par le centre-ville, comme Narbonne et son pont de fer qui passait par-dessus les voies ferrées, Béziers, Montpellier, Nîmes, Montélimar, Valence, Vienne, Lyon. Denis conduisait les yeux plissés, je roulais des clopes, on discutait et on écoutait des K7 dans le fracas du moteur qui était juste entre nous dans la cabine. On avait fait halte le soir à la nuit tombée chez la cousine de Denis, à la campagne. Elle nous attendait et avait préparé un lit et un bon repas chaud et copieux.

Au petit matin le camion et son canon étaient couverts de givre. Direction Besançon, puis Belfort à travers des forêts infinies d'arbres noirs serrés les uns contre les autres, jusqu'à la frontière avec l'Allemagne. Ruben nous avait confié le carnet ATA pour passer la douane, mais on n'était pas rassurés devant ces douaniers en uniforme vert de gris qui nous rappelaient les SS de nos films de guerre et, de plus, on ne parlait pas un mot d'allemand ! Ils nous avaient fait ouvrir le camion et on avait un peu flippé mais ils avaient tamponné les documents en quatre exemplaires sans plus se préoccuper de nous. Nous roulions pour la première fois de notre vie sur une autoroute allemande. Le pays était tout plat et sillonné de camions. Quelques heures plus tard nous étions arrivés à proximité de la Hauptbahnhof, la grande gare centrale de Francfort.

Au point de rendez-vous il y avait Michel, sourire et clope au bec, Ruben, un long clavier sous le bras, et à ma grande surprise Gégé, venu lui aussi en avion et grelottant dans le froid, racontant très énervé que sa valise n'était pas arrivée à l'aéroport.

– Tout était dans la valise ! criait-il en transe, bras écartés, en proie à de nombreux tics.


Nous avions une adresse pour l'hébergement de la première nuit, chez une amie d'une amie de Denis. Elle ignorait qu'on était cinq mais nous avait accueillis tout de même de son mieux en installant des lits de fortune. Le lendemain matin, arrivés sur le site monumental de la foire de Francfort, Denis et moi avions bien galéré pour rejoindre le parking qui nous était attribué.

– TOR 9 ! TOR 9 ! criaient les agents de la circulation d'un ton hargneux en faisant de grands signes pour nous faire dégager.

Les premières fois nous apprenaient toujours beaucoup de choses. Nous avions fini par arriver au parking, trouver le bon monte-charge et découvrir notre emplacement, près d'un gros poteau vers le fond d'un hall immense. Pendant le montage du stand qui nous avait pris toute la journée, Denis avait percé le pouce de Michel avec un foret de 3.5mm, par chance peu profondément. Michel avait crié, c'était douloureux et ça saignait ! On lui avait fait un pansement avec du Sopalin et du scotch d'emballage, à la dure !

Dans le bruit des engins élévateurs autour de nous, dans la poussière, parmi ces gens qui allaient et venaient tirant un chariot, poussant des caisses, les bras chargés de matos, balayant le passage ou déroulant des tapis dans des allées encombrées de montagnes de cartons, on travaillait sans relâche. Moquette, spots, prises électriques, déco, sono, expo de guitares, synthés, racks, et en vedette sous l'éclairage, le Polykobol II, premier synthé polyphonique au monde, produit par RSF et Made in France ! Une des principales nouveautés technologiques de ce salon de Francfort.

Ruben était super anxieux, il savait son proto fragile. Il comportait des milliers de soudures, mais ce soir-là, quand on l'avait allumé, il avait délivré un magnifique accord de piano ! Ruben avait esquissé un sourire de soulagement et de fierté qui avait fait plisser ses yeux derrière ses petites lunettes cerclées de fer. Il faisait nuit noire quand nous avions quitté la foire à pied, tous les cinq. L'amie de l'amie de Denis nous avait donné l'adresse d'une copine qui pouvait nous héberger mais nous avions mis plus de deux heures après notre repas pour arriver chez elle. Nous l'avions tirée de son sommeil, elle et son copain, et elle nous avait accueillis plutôt vertement.

Ach ! Die Franzosen ! et je n'avais pas compris la suite.

Nous avions dormi par terre dans le séjour cette nuit-là, rangés côte à côte tous les cinq comme des sardines, sous une mince couverture, la table en bois sombre de la salle à manger poussée contre un mur. Le sol était dur mais comme nous étions épuisés nous avions tous dormi et étions d'attaque le lendemain.

Toutes les nuits se reproduisait cet incroyable scénario d'hébergement sauvage chez des inconnus. J'avais dormi une nuit, jambes repliées, dans une chambre d'enfant, à l'étroit dans le lit du haut alors qu'un petit dormait dans le lit du bas ! Les copains étaient un peu partout dispersés dans l'appartement. Tous les matins on repartait en général avec une adresse pour le soir ou un numéro de téléphone à appeler. Personne ne nous avait gardés deux nuits.

En y repensant plus tard, je m'étais demandé comment on s'était retrouvés dans cette situation, comment on avait pu se lancer dans un projet pareil avec une telle impréparation ! La question de l'hébergement sur place n'avait même pas été évoquée. Je n'arrivais pas à me l'expliquer.

J'avais d'abord pensé qu'on passait tellement de temps et d'énergie à créer, concevoir, fabriquer nos produits, puis charger, décharger, monter, démonter des stands, faire de la route, que notre confort et nos besoins à nous les hommes, passaient forcément après. On n'y pensait même pas !

Mais dans un second temps je m'étais demandé s'il n'y avait pas au fond de nous aussi cet esprit vagabond et confiant, propre aux années 70, voyages en stop interminables et festivals géants, qui nous faisait partir à l'aventure, en acceptant une part d'improvisation sur les questions non essentielles, totalement inconcevable aujourd'hui. N'avait-on pas une adresse pour le premier soir ?

Nous nous étions ainsi retrouvés dans un réseau de gens qui acceptaient d'héberger des étrangers et des voyageurs pour une nuit et pour rendre service. Ces braves gens nous avaient permis de dormir, nous avaient offert le café, sans rien demander en échange. Fabriquer des guitares et exposer à la Messe en faisait rêver plus d'un ; et quand ils voyaient Ruben tel le professeur Tournesol passer la nuit entière dans la cuisine à réparer le Polykobol en panne, tripes à l'air, la fumée du fer à souder se mêlant à celle de sa cigarette, ses yeux noirs fiévreux brillant à travers ses lunettes, ils compatissaient.

Tous les soirs c'était donc la surprise pour dormir et tous les jours c'était la foire. On ouvrait grands les yeux devant les stands Fender, Marshall, Gibson, Yamaha, et on s'étonnait de tous ces exposants, fabricants d'instrument et d'accessoires, si nombreux dans tous les domaines de la musique et du son. Pour moi tout était nouveau. On se nourrissait sur place de saucisses de Francfort chaudes, de moutarde et de petits pains, de cafés, de bières et de cigarettes. Tout le monde fumait sauf Gégé.

A mon retour en formation, à Toulouse, les collègues m'avaient demandé :

– Alors ?

– Ben c'était crevant mais super, vraiment génial ! On a eu un beau succès d'estime. Des clients

Autrichiens, des Pays Bas, des Finlandais intéressés ont laissé leur carte. Des journalistes français sont passés qui ont fait des photos.

Tout le monde a trouvé les guitares superbes. Catherine Lara est venue sur le stand ; elle, c'est le violon, mais elle a beaucoup aimé les formes et les couleurs des guitares.

    – Et vous avez vendu un peu ?

    – Non, mais tu sais, un premier salon international où tu exposes, c'est quand même un évènement et une expérience en soi !

## 1983 (suite) Paris, Moulis, augmentation de capital, inauguration.

Après ça on avait tous reprit le travail où on l'avait laissé.

Devis de matériels, de machines, dossiers de prêts bancaires pour moi ; guitares à livrer et travail à l'atelier pour les autres, dans une urgence que le calendrier des affaires nous imposait. Deux mois après Francfort nous faisions le Salon de la Musique de Paris, notre première fois en tant qu'exposants.

Nous avions pris une partie du stand RSF et pas mal de guitares, ce qui nous faisait une vitrine honorable. Bien des années plus tard, des collègues luthiers évoquant ce salon avec moi en rigolant, racontaient qu'on avait fait forte impression cette fois-là, et pas seulement par nos guitares. Notre look sudiste et les excentricités vestimentaires de Michel, avaient fait jaser, on s'en rappelait encore !

Il y avait beaucoup de monde à ce salon et nous étions sans cesse occupés à renseigner ou à faire essayer des guitares. On nous disait :

– Vous êtes d'où vous ? De Marseille ?
– Non, on est de Toulouse.
– Ah ! bon, par ce que l'accent !

Nous avions réalisé un petit catalogue noir très complet, au format 10 x 21 avec une photo par page. Aux caractéristiques techniques de chaque modèle s'ajoutait un commentaire sur l'instrument que nous avions rédigé nous-même lors d'une de nos séances d'écriture collective inspirée !

La M1 c'était « La Diva », et la Conchita « la rythmique limpide, le chorus sauvage ». La M3 Collection était « le rock en gants blancs » et sa sœur version Blackbird, « une sorcière faite pour le rock ». La Vintage était « l'arme absolue » et la Blackbass « la panthère noire ». Le catalogue était classe avec des photos couleur et des textes traduits en anglais et en allemand et le slogan « la rage de plaire » s'étalait en blanc cassé sur la couverture noire.

– Vous voulez un catalogue ? C'était génial et épuisant.

Le matin, après le café, clope au bec, on allait rendre visite à nos collègues luthiers qui exposaient eux aussi. Comme Alain Aventini qui, lui, était un vrai Marseillais et que je rencontrais pour la première fois. Il était tombé amoureux des instruments américains Alembic et faisait des guitares bien réussies dans cet esprit. Christophe Leduc, avec les D3 et BD3 distribuées par SMI dans toute la France, bénéficiait d'une bonne image et vendait une trentaine de guitares par mois ce qui faisait de lui le plus gros fabriquant français. Patrice Vigier, le « Parisien », présentait ses basses Passion en carbone, une même forme déclinée en multiples finitions dans un esprit luxe et technologique. Il était déjà bien connu et soutenu par le microcosme musical parisien. Je découvrais brutalement que nous n'étions pas les seuls fabricants français sur le marché.

Allions nous pouvoir vendre suffisamment de guitares pour nous en sortir ? Même si personne ne faisait des guitares comme les nôtres, car je trouvais qu'on avait une identité forte, cette concurrence m'inquiétait un peu. Michel pas du tout. Il était dans son élément et semblait très confiant. Il ne se sentait pas concerné comme moi par la gestion et de fait c'était moi qui tenais les cordons de la bourse. Peut-être se moquait il des difficultés financières, et avait-il déjà accepté en son for intérieur l'idée du sacrifice, pourvu que l'on soit dans la course et qu'on aille de l'avant. Moi pas du tout. J'avais la charge mentale du fric, et elle ne m'avait jamais quittée. Paul disait de moi en plaisantant que j'avais le portefeuille en peau de hérisson !

Nombreux étaient les visiteurs, les clients professionnels, magasins de musique de toute la France, qui passaient devant le stand et ne s'arrêtaient pas. Nous n'étions pas connus, ils nous voyaient pour la première fois. En revanche avec Claude et Yvan de la Centrale, nous avions tissé des liens. Ils distribuaient en France des micros américains, les micros Seymour Duncan, que nous leur achetions et ils avaient aussi un magasin à Pigalle où ils nous prenaient des guitares. Yvan aimait les LAG et on aimait bien Yvan parce que c'était un type étonnant et atypique doublé d'un excellent vendeur. Il virevoltait, parlait avec les mains, les yeux, tout le corps. Il faisait des riffs sur nos guitares qui sonnaient vachement bien (en fait c'était toujours le même riff mais il était bien). Il se mettait un peu en scène et allait même jusqu'à nous dire, se mettant soudain à chuchoter dans le creux de l'oreille :

– Tu vois, moi, j'aurais pas fait ça. Le sélecteur de micro là, je l'aurais mis là ! Tu vois, pour le geste là. Et il faisait un mouvement de bras à la Pete Townshend et manquait d'assommer son pote à côté.

Il nous faisait marrer, il attirait du monde et il en connaissait aussi. Il avait participé au développement de l'image de LAG chez les musiciens à Paris et provoqué la rencontre de Michel avec Nono, guitariste de Trust, un groupe alors au sommet. Nous revenions du salon morts de fatigue, sous une avalanche de réflexions que nous partagions avec Michel dans la cabine du camion, et ces choses à faire dont on parlait tous les deux, nous paraissaient les plus importantes du monde.

Enfin un jour Patrick nous avait mis sur la piste du local. Il avait un pote, Marc, dont le père avait fait faillite avec son entreprise industrielle de portes et fenêtres et il avait des locaux à louer. C'était dans la banlieue nord aux portes de Toulouse, au 38 Chemin de Moulis, parmi les derniers maraichers. On tournait à gauche au détour d'une haie de sapinettes et on entrait dans une vaste cour bordée de bâtiments biscornus en bois et parpaings avec des toits de tôle ondulée fatigués. L'aile gauche avec ses façades de bois délavées et vitrées, ses toits de différentes hauteurs, évoquait un décor de western irrésistible. Les fils électriques pendouillaient au vent entre les bâtiments.

On devait être en Mai car un gros lilas blanc fleurissait à l'angle du premier bungalow qui disposait d'une terrasse donnant sur la cour. On entrait dans le second bungalow qui devait faire office de bureau par une marche en bois. La porte et la fenêtre étaient pourvues de stores. J'avais immédiatement eu envie de m'y installer. Le corps de bâtiment aux façades vitrées faisait bien 180 m2 ce qui nous allait parfaitement. Mr Dubezy, le propriétaire, vivait sur place avec sa femme dans une petite maison basse entourée de rosiers. Il n'était pas loin de la retraite et avait de l'expérience dans le bois et les machines. Il était arrangeant sur le loyer, les conditions et les travaux à réaliser, et nous parlait d'une voix un peu aigüe, un peu haut perchée, comme si nous étions ses enfants.

On avait jeté un dernier coup d'œil à la cour et aux bâtiments désaffectés, au lilas, aux figuiers dans la lumière rougissante du couchant et on avait dit :

– D'accord Mr Dubezy, on le prend !

Mon stage allait bientôt finir. J'avais bien avancé sur les prévisionnels, le plan de financement et les contacts bancaires, mais il apparaissait que nos capitaux propres étaient insuffisants. Le responsable juridique du stage nous avait réunis tous les trois, Michel Paul et moi, et nous avait expliqué qu'il faudrait procéder à une augmentation de capital pour rassurer les banquiers et les fournisseurs.

Vingt mille francs (3000 euros), ce n'était pas assez pour ce qu'on voulait faire, et il avait ajouté qu'il serait logique aussi, pendant cette assemblée générale, de me nommer co-gérant puisque mes fonctions me plaçaient de toutes façons en cas de difficultés dans la situation d'un gérant de fait.

Michel avait rapidement trouvé de nouveaux associés pour augmenter le capital : Patrick et François qui bossaient déjà avec nous, Freddy B, un client, bassiste professionnel toulousain qui montait une école, Joël G qui gérait un magasin de motos Yamaha, et Jean Pierre Mader qui n'était pas encore connu à l'époque.

Jean Pierre je l'avais rencontré un soir chez Michel. Il était venu lui faire écouter son premier disque qui venait de sortir, « Faux coupable », et j'étais là. Il s'était pointé le vinyle sous le bras dans son pardessus noir et on avait écouté les deux faces attentivement. C'était pas mal du tout.

Bien des années plus tard je l'avais retrouvé sur la Costa Brava chez des amis et il m'avait dit :

– L'argent que j'avais mis dans LAG c'était le fric que j'avais gagné avec l'avance de Richard Seff pour « Faux coupable » et puis mon voyage au Liban où j'accompagnais Pascal Danel en tournée, ouais ! avec Théodori que tu as bien connu, et tous les titres des Shadows au répertoire !

– Ouaou ! Tu as dû te régaler dans cette tournée, je lui fais. Tu étais sans doute le seul qui avait un peu d'argent de côté. On n'avait pas du tout de fric à cette époque.

– Oui c'était bien tombé pour vous.

– Tu te rends compte qu'on s'était mis à huit pour faire un capital de 86.000 francs (13.000 euros) !

Les journées s'enchaînaient et tout avançait à grands pas. La presse locale sous la plume de Bernard Lescure de la Dépêche du Midi racontait la saga des « Rois de la solid body ». Un reportage d'une page nous montrait, Michel Paul et moi, à l'ouvrage rue Laganne. La légende sous ma photo avec la scie à ruban, « Frédéric Garcia coupe dans le massif », allait devenir culte pour parler de ce que je faisais dans la boite. Michel posait, pistolet à la main, dans la cabine de peinture.

La première M1 Collection de série avait été vendue à Philippe Foures, un musicien professionnel de la région. Elle était équipée d'un 59' et d'un Jeff Beck Seymour Duncan et livrée dans un fly case loupe d'orme PROTO de notre ami Jean Pierre Lesourd. Un ensemble super classe. Dick Annegarn rencontré au salon de Paris nous avait aussi commandé une guitare. Nous avions reçu sa lettre tapée à la machine sur un papier jaune et nous nous étions sentis distingués et honorés par cette commande d'un artiste qu'on voyait souvent à la télé. On avait aussi fait une basse pour mon pote Dodo Parise à qui j'avais acheté autrefois un gros ampli de basse SUN en 110 volts avec lequel, selon le sens dans lequel on branchait la prise du transfo, on avait un super son ou on prenait le jus sur les cordes, ouille !

Tout était paré à présent côté machines. Mon interlocuteur était un technico-commercial d'une cinquantaine d'années avec une petite moustache blonde, un nez coloré par le pastis, une veste en tweed et qui s'appelait Mr Pacôme. Il fumait des Gitanes et à chacune de mes questions répondait :

– Pad' problèm M'sieur Garcia ! qu'il répétait comme un mantra pour me rassurer et ainsi obtenir d'équiper l'atelier : une scie à ruban, une défonceuse stationnaire, une rabau-dégau, une toupie, des ponceuses et d'autres bricoles.

Nous avions acheté d'occasion une grande ponceuse à bande dont le chariot faisait bien deux mètres de long, ainsi qu'un tour à copier à quatre têtes que Paul se sentait capable d'adapter à nos besoins.

– S'il peut faire des crosses de fusil je ne vois pas pourquoi il ne pourrait pas faire des manches de guitare, nous assénait Paul avec assurance !

Nous avions fait fabriquer sur mesure une petite ponceuse de chant par un artisan de Cadours, Mr Dirat, et très vite on avait appelé sa machine « la dirate ». « La delaruelle », machine éponyme elle aussi, était arrivée en juillet. Les journées étaient longues et plutôt euphoriques dans mon souvenir même si nous n'avions pas pris de vacances cet été-là. Paul et moi avions été occupés à fabriquer des établis, des tables de travail, des chariots et des dessertes, en coupant et soudant du fer carré pour faire les structures. Ce n'était pas facile car il fallait faire des angles à l'équerre mais ça me plaisait bien comme travail, même si c'était salissant. On avait passé un coup de blanc partout en particulier dans les deux bungalows qui deviendraient nos bureaux et fabriqué aussi une vaste cabine à vernir avec un ventilateur en pression et un autre en extraction. L'été finissait, on avait fixé au sol le touret à polir, avec ses deux gros disques de flanelle. Un pote avait refait l'électricité.

Fin septembre nous avions lancé les invitations pour l'inauguration des nouveaux locaux. La veille on avait assisté au super concert de Police époque « synchronicity », au Palais des Sports, avec tout le répertoire et bien sûr « Roxanne » et « Walking on the moon ». C'était du délire, le show ne finissait pas, Sting fêtait ce soir-là ses quarante ans !

Pour l'inauguration, étaient invités la Marseillaise de Crédit, la Banque Populaire, des fournisseurs comme PCM ou Mr Pacôme, des profs de mon stage, la Dépêche du Midi, des institutionnels car nous avions eu la prime Acre et que j'avais fait des demandes de subventions un peu partout, Mr Dubezy et sa femme, des amis, des clients guitaristes, les associés, nos familles. Un verre à la main on accompagnait la visite des curieux en expliquant les phases de fabrication et les différentes machines dans un atelier nickel, balayé de frais, qui n'avait encore jamais servi.

– Ça va comme vous voulez M'sieur Pacôme ?
– Pad' problèm M'sieur Garcia !

On avait réussi à embarquer tout le monde dans notre histoire, l'inauguration se passait bien. Une fabrique de guitares ce n'était pas banal, et nos invités au-delà de leurs intérêts personnels et des conventions du genre, souhaitaient profondément que ça marche. Jusqu'ici tout allait bien.

## 1984 Les débuts à Moulis, Leduc, Francfort.

Le matin qui avait suivi l'inauguration nous nous étions retrouvés à 8.00 heures, autour d'un café, dans l'espace entre le touret à polir, la ponceuse à bandes et les tables de ponçage. Michel et moi savions ce que nous avions à faire, nous en avions déjà parlé. Comme il fallait vendre vingt guitares par mois pour nous en sortir, nous avions prévu de partir en tournée tous les deux, de démarcher les magasins de musique, et de trouver ces vingt commandes. L'un partirait vers Bordeaux, l'autre vers Narbonne.

- On le joue à pile ou face, fait Michel ?
- Comme tu veux, je réponds.
- Si c'est pile je choisis Bordeaux !
- Vas-y, lance
- Pile !

Quelques minutes plus tard on était partis, Michel vers Bordeaux et moi vers Narbonne, très satisfait de mon sort car c'était la tournée que je souhaitais faire.

Je m'étais arrêté chez Claude Musique à Carcassonne. Il venait d'ouvrir son petit magasin et buvait le café lorsque je m'étais garé devant sa porte. Il s'était montré surpris et en même temps flatté de ma visite, car il avait beaucoup entendu parler des guitares LAG mais n'en avait encore jamais vu « en vrai » !

Ce jour-là il avait passé commande d'une guitare, ce qui augurait bien de ma tournée. Et en effet le lendemain soir, Michel et moi étions rentrés avec chacun une douzaine de guitares en commandes, très satisfaits et même euphoriques après l'accueil positif qu'on avait ressenti dans la profession.

Au début, François était resté rue Laganne pour informer les clients du déménagement et faire les réparations qui continuaient à arriver, puis il nous avait rejoint. On avait installé son activité montage et réparations dans un bâtiment plus récent au crépit crème et aux encadrements de fenêtre rouge vif, de l'autre côté de la cour en face de nos bureaux. Certes il n'était pas idéal de faire traverser le parking aux guitares pour les amener au montage mais d'un autre côté c'était le seul endroit assez vaste, sûr et accueillant, pour recevoir les clients et faire l'assemblage dans de bonnes conditions.

Juste à côté de chez François se trouvait le local de Jean Christophe, un jeune antiquaire qui passait ses journées à décaper dehors devant chez lui, dans la cour, de vieux meubles, des tables, des buffets qu'il retapait et patinait fort bien et revendait ensuite fort cher.

Le grand local carré après chez Jean Christophe, face à nos locaux de production, était un garage automobile nommé « Automotiv » tenu par Gérard et sa femme, spécialistes Jaguar. Blond et roux, minces et blancs de peau dans leurs salopettes de mécanos, ils avaient un look british qui allait bien avec les splendides voitures sur lesquelles ils galéraient souvent, du cambouis jusqu'au coude. On aimait entendre pétarader les moteurs et lorsque Gérard sortait une type E du garage, tout le monde chez LAG tournait la tête et s'arrêtait pour regarder.

A la suite, toujours face à nos locaux se trouvaient d'anciens bâtiments de l'entreprise de Mr Dubezy qu'il occupait avec quelques machines où qu'il louait, comme à Claude, le frère de Patrick, qui était ébéniste. Tout au fond, Marc, le fils du proprio construisait un studio d'enregistrement qu'il allait appeler par la suite « La cour des miracles », en référence sans doute aux multiples activités qui s'étaient développées sur les ruines industrielles de la boite de son père. La cour résonnait de bruits de moteurs et de machines, de coups de marteau, de solos de guitares et de voix qui s'appelaient par-dessus les voitures garées le long des baraquements.

On ne se déplaçait qu'en voiture à l'époque. Chacun avait la sienne. Pour éviter la « Barrière de Paris » et ses embouteillages, on empruntait un tronçon de rocade qui venait juste d'être terminé. Après avoir contourné le quartier des Minimes on prenait la sortie Aucamville et de là, par un itinéraire tortueux, on rejoignait le Chemin de Moulis où on était chez nous.

A cette époque les horaires légaux de travail étaient de 8.00 heures à midi et de 14.00 heures à 18.00 heures, soit 40 heures par semaine. Même si nous ne quittions pas le travail avant 19.00, les journées étaient à la fois longues et légères avec beaucoup de poses et de diversions.

– Michel, viens voir, dis-moi ce que tu en penses. Tu crois que je la fais plus grande la courbe là sur le corps ? Tout le monde arrivait pour voir et donner son avis.

Paul était en train de fabriquer un gabarit pour faire les « body comfort », ces retraits de matière donnant de la fluidité au corps des guitares électriques et permettant d'appuyer confortablement son ventre ou son coude en jouant. Nous espérions gagner du temps en les faisant à la toupie plutôt qu'à la râpe à bois. Pour toutes les étapes de la fabrication nous tentions de passer d'un mode artisanal à un mode semi-industriel. Mais aucun de nous n'était ingénieur et les idées que nous avions conçues s'avéraient parfois irréalisables ou dangereuses. Dans ces cas-là on revenait à la technique manuelle de Michel, plus longue mais fiable.

Nous nous étions réparti le travail de production de la façon suivante : J'étais responsable de tous les pré-débits de bois pour les corps et les manches. A l'aide d'un gros crayon de menuisier et d'un gabarit je traçais sur le plateau de bois brut de la grume les deux parties qui constitueraient un corps de guitare et j'essayais d'en mettre le plus possible en respectant le sens du bois. Pareil pour les manches.

J'occupais la dernière pièce de l'atelier dans laquelle se trouvait une antique scie à ruban d'au moins cinquante ans, toute en fonte, avec deux grandes roues de 800 de diamètre. Je lançais le moteur en appuyant sur le bouton rouge d'un gros boitier fixé par deux clous à la cloison. Les roues commençaient alors à se mouvoir lentement puis de plus en plus vite jusqu'à atteindre une vitesse folle dans un bruit d'enfer et de ferraille et un grand tremblement. C'était très impressionnant. Les dents de la scie déchiquetaient le bois à grande vitesse. Je faisais avancer la pièce avec mes mains le long d'un guide en bois et je frôlais la lame au moment de la sortie. Mr Dubezy nous avait laissé cette machine car elle pouvait nous servir, et que c'était une galère de l'enlever, mais elle était trop vieille pour des protections modernes et il fallait vraiment faire très attention avec elle. Et la régler parfaitement chaque fois qu'on changeait la lame. Car si elle était mal réglée elle se mettait à osciller quand on poussait le bois et à pleine vitesse j'avais toujours peur que la lame se décroche de la roue supérieure !

Paul s'occupait de la fabrication des manches dans la section de l'atelier juste après la mienne. Son espace se trouvait sous une vaste mezzanine qui nous servait de stockage et faisait un plafond plus bas et un espace plus cosy pour le travail manuel. Les établis faisaient face à la fenêtre. De l'autre côté, on avait installé le tour à copier. Paul travaillait avec la toupie et la défonceuse stationnaire, mais l'essentiel de son travail était manuel. Il collait les touches sur les pré-débits après avoir inséré la tige de réglage, faisait le radius, les traits de scie des frets, frettait, ébauchait la forme du manche, posait le sillet, faisait les perces des mécaniques sur la tête et le ponçage bois final.

Patrick partageait en gros le même espace que Paul et s'occupait des corps. Joint plat à la dégauchisseuse, collage des deux parties avec de gros serre joints, calibrage, chantournage de la forme sur une petite scie à ruban, défonçage de la forme et des perces micro sur la grosse défonceuse. Quarts de rond sur une petite toupie qui ne servait qu'à ça, finition des intérieurs des cornes à la « dirate », ponçage final. Ensuite on faisait le collage corps-manche à l'aide de serre joints en respectant un angle donné et il fallait se mettre à deux pour que l'un serre pendant que l'autre vérifiait l'angle. A l'époque, on ne faisait que des instruments à manches collés ou traversants.

La limite entre la section bois et la section vernis était représentée par un espace où stationnaient souvent des chariots, entre un grand portail en bois coulissant côté cour, et un gros poêle à bois tout noir, presque aussi grand que nous, côté mur.

Michel préparait les instruments avant le passage en cabine et faisait toutes les applications au pistolet des fonds dur, couleurs, et vernis. Ensuite, lui et moi faisions les ponçages des vernis et le polissage des guitares dans l'espace réservé dans l'atelier, à côté de la cabine. Enfin la guitare arrivait chez François pour le montage.

Raconté de la sorte, cela parait facile ou en tout cas rapide, mais ce n'était pas le cas. Toutes ces tâches représentaient un nombre incalculable d'heures de travail, d'autant plus qu'il fallait aussi que chacun gère ses consommables, les lames de scies, lames d'outils, affutage, papier abrasif pour le bois, pour les vernis, pate à polir, vernis, fond dur, teintes, filtres, acétone, diluant.

Sans parler des achats de mécaniques, micros, chevalets, boutons, attache courroies et autres accessoires pour les guitares qui donnaient lieu à des commandes écrites à la machine sur papier à en-tête, et envoyées ensuite par la Poste à Schaller en Allemagne.

D'une certaine façon nous savions que ce serait compliqué, cela l'avait toujours été, mais nous avions confiance en nos projets d'amélioration, de développement, de création. Nous avions d'excellents retours du public, c'était très important, et puis le quotidien était tout sauf désespérant. On attaquait à 8.00 heures et il y avait toujours plein de choses à faire. Pour résumer cette époque je dirais : jamais un moment sans intérêt.

– Je te file un coup de main au ponçage Michel ?

– Ouais, si on s'y met à deux on aura fini ces trois guitares qui sont urgentes, je pourrai faire la couleur et passer le vernis avant midi.

– Ok, je passe un coup de fil à Lambert & Valette et j'arrive.

On ponçait le fond dur ou les vernis chacun d'un côté d'une table matelassée recouverte d'un skaï grenat, levant une poussière blanche fine et odorante qui retombait partout sur les mains les vêtements les cheveux et la surface de la table où l'on travaillait. On s'appliquait à poncer bien à plat en s'aidant d'une cale en bois. On coupait la feuille d'abrasif en quatre et on utilisait un quart de feuille le plus longtemps possible jusqu'à ce qu'il faille le changer. On mettait une blouse pour ce travail et on avait aussi des masques, mais on ne les mettait pas car on ne pouvait pas fumer avec le masque. On était tous les quatre dans l'atelier et par-dessus les frot frot frot du ponçage on bavardait, on tirait sur nos clopes en écoutant la radio en sourdine. Paul rouspétait, Patrick lui répondait, et rien qu'au bruit des machines on savait ce qu'ils faisaient.

Parfois François arrivait sur le pas de la porte.

– Les mecs c'est quand que vous m'emmenez la guitare d'Alibert ?

– La verte ? Pas avant demain, dit Michel. Le vernis n'est pas encore sec et il faut encore la poncer et polir.

– Demain aprèm, fait François ? Il m'a appelé il voulait passer faut que je le rappelle.

– Ouais, on va essayer.

C'était comme ça et ce n'était pas triste sinon que nous n'étions pas arrivés à livrer nos vingt guitares ce mois-là, à peine une quinzaine, et les mois suivants avaient été du même calibre. On avait des commandes de magasins car Michel était monté jusqu'à Poitiers et moi j'avais poussé jusqu'à Nîmes et on avait aussi des commandes en direct de particuliers du coin. Mais malgré nos efforts et nos cinquante heures hebdomadaires, nous étions dépassés par le nombre de choses à faire et le temps que cela nous prenait. Nous faisions des réunions dans mon bureau pour faire remonter les problèmes, trouver des solutions. L'idée de prendre des VRP pour démarcher les magasins faisait son chemin et un dénommé Rotllan nous avait d'ailleurs contactés.

Nous parlions du salon de Francfort qui aurait lieu début février. Il fallait se dépêcher de réserver, prendre des rendez-vous, tout cela par courrier, exceptionnellement par téléphone, et en anglais !

Et puis il fallait trouver quelques nouveaux modèles pour ce début d'année, sans oublier de faire les stocks et préparer le bilan et les amortissements avec Dani.

J'étais salarié chez LAG depuis septembre 83. La paye était la même pour chacun de nous cinq, un smic à 4056 francs brut (618 euros) et nous étions tous associés. Ce n'était pas lourd mais on était fiers déjà de se sortir un salaire. On gérait tous les jours un tas de choses importantes et décisives qu'il fallait faire si on voulait que l'aventure se poursuive. Et on le voulait plus que tout.

Quelques jours avant Francfort nous avions eu la visite de Michel Prat, un jeune fabriquant de Cavaillon qui tournait dans la région pour présenter les amplis de basse Pentatonic qu'il fabriquait. Il avait notre âge, cheveux courts noirs et frisés, taille moyenne, plutôt costaud. Il avait sorti du coffre de sa voiture un ampli combo noir de bonne apparence que Paul, le bassiste en titre du team LAG avait essayé. Nous étions tous venus écouter ça chez François, au montage. C'était un produit de milieu de gamme, made in France, qui tout comme nos guitares cherchait un débouché sur le marché et ce n'était pas facile. Michel était bassiste et vendeur chez Music Market à Cavaillon.

– Et tu crois qu'ils pourraient prendre des LAG au magasin, je lui fais ?

– Pourquoi pas ? J'en parlerai, répond Michel Prat.

D'une rencontre à l'autre nous avions le sentiment d'avancer, nous prenions toujours le bon côté des choses. Les rencontres avec nos pairs, nos collègues fabricants français étaient intéressantes en tant que telles et elles nous faisaient aussi exister collectivement. Nous ne nous sentions pas seuls à fabriquer des instruments en France, nous nous disions que c'était un mouvement, et ça nous aidait à avancer.

Christophe Leduc nous avait dépannés d'une cinquantaine de paires d'attache courroie noires dont nous avions besoin et nous avions parlé de passer le voir dans son usine dans les Vosges après Francfort. Un jour en pensant à lui pendant que j'écrivais ce livre, je l'avais appelé.

– *Allo ! (Je reconnais sa voix)*

– *Salut Christophe c'est Fred de Toulouse.*

– *Ouais, comment ça va ? Et la retraite ? Il a son accent particulier de la Moselle, sa voix un peu trainante.*

– *Super bien Christophe ! Et toi ? Tu bosses encore, non ?*

– *Oui mais ma copine arrête l'an prochain et je vais faire comme elle, et on pourra enfin voyager, venir dans le Sud !*

— *C'est génial. Dis-moi tu te souviens quand on était venus te voir dans ton usine dans les Vosges sous la neige, je pense à un retour de Francfort ?*

— *Oui ça devait être en 84 car je suis parti de là-bas courant 84.*

— *Oui c'est ça. Je me souviens d'une route en lacets où on roulait à deux à l'heure avec le camion sous des sapins couverts de neige. Elle nous tombait parfois dessus en gros paquets. Plof ! Ensuite on s'était garés devant l'usine en béton toute recouverte de neige elle aussi. Partout des flaques d'eau, des portes rouillées, des escaliers, puis une salle nous était apparue, de proportions gigantesques, dans laquelle une poignée de jeunes types bossaient sur des guitares. L'atmosphère était glaciale, un ou deux radiateurs infra rouges montés sur des bouteilles de gaz palpitaient en craquant, un fond musical sortait d'un transistor en plastique. Je m'étais arrêté un moment auprès de ceux qui ponçaient le vernis au papier à l'eau, les doigts rougis par le froid. Dis-moi Christophe, il y avait bien parmi eux Greg et Do qui allaient plus tard fonder DNG avec Nicolas Petibon, c'est bien ça ? C'était la première fois que je les voyais.*

— *Oui et Greg était déjà avec moi à Lyon.*

— *Et il y avait ce mec de Lyon aussi, Eric, qui te faisait la gestion. Il m'avait hébergé et toi t'avais pris Chave chez toi, tu ne te souviens pas ?*

— *Euh non. Mais on avait dû aller manger chez mon oncle, en haut au col des Croix, non ?*

– *Oui ça me dit quelque chose, un type rondouillard, bon vivant, oui, je nous revois à table tous les quatre, tu parlais beaucoup car tu avais pas mal de problèmes.*

– *J'avais vu trop gros.*

– *Mais c'était super ta percée sur le marché, c'étaient de bons produits. La distribution SMI et ton outil industriel, ça nous faisait rêver. Voir comment tu avais organisé les choses, tes astuces techniques, tout cela nous intéressait grandement.*

*On avait fini le repas en goûtant les eaux de vie maison de son oncle et, grâce à la mirabelle, on ne sentait plus le froid quand on était revenus dans le blockhaus de béton pour dormir.*

Avant de passer chez Leduc on avait donc fait le salon de Francfort, mais cette fois sans RSF. Une copine hôtesse de l'air mise à contribution cette année-là, nous avait indiqué un hôtel sympa et pas cher où descendaient les navigants des compagnies aériennes, l'hôtel Zur Sonne, « Au Soleil », à Kelsterbach, dans la banlieue sud de Francfort, près de l'aéroport. Dans ce petit hôtel entouré de bois et de rocades j'avais été confronté pour la première fois de ma vie à une couette. Je contemplais cette espèce d'édredon blanc replié bien sagement au fond de mon lit et je ne savais pas trop comment l'utiliser. Fallait-il rentrer à l'intérieur ? Restait-on simplement dessous ? Où étaient le drap et la couverture ? J'avais adoré le contact soyeux à la fois chaud et léger de la couette.

J'avais eu une autre surprise au petit déjeuner. Chacun avait devant son assiette un œuf blanc comme neige dans un coquetier. Il n'était pas « à la coque » comme chez nous, mais à peine tiède et presque dur. Sur un petit plat des tranches de salami industriel complétaient la ration de protéines. Tous les matins se reproduisait ce rituel de l'œuf dur accompagné de quelques variantes charcutières, un moment au demeurant agréable car on ne petit-déjeunait pas comme ça chez nous. À l'époque, c'était plutôt rock and roll, café clope et en route !

Le taulier était remarquable, grand et bien bâti, la soixantaine, la voix grave, très digne. Il portait le monocle et parfois la culotte de cuir à bretelles avec jambes nues et chaussettes ! On l'appelait Otto entre nous ! Il était la caricature de l'Allemand en civil qu'on voyait dans les films de guerre en France. On rencontrait rarement des hôtesses de l'air dans cet hôtel mais on croisait des exposants de la foire qu'on remarquait à leur badge Musik Messe accroché à la veste. On aurait préféré plus d'hôtesses de l'air !

Commercialement, le salon s'était soldé par de nombreux contacts avec des distributeurs étrangers en Suède, en Autriche ou en Israël, une guitare commandée par Be bop Music à Berlin, mais toujours pas de commande signée de distributeurs. En revanche, les visiteurs français qui nous découvraient au détour d'une allée, étaient surpris de trouver des compatriotes exposants dans cette Mecque du business musical international. Ils ouvraient de grands yeux, puis par un effet cocorico involontaire, nous tombaient presque dans les bras.

— Ça va les Toulousains ?
— Impeccable ! Et vous, vous êtes d'où ?
— De Dijon ! La Clé de Sol !

La surprise était venue de la rencontre avec Jacky Auzel et sa femme Lilou, du magasin Midi Music de Toulouse, rue du Rempart St Etienne. Ils déambulaient bras dessus bras dessous nez au vent, fringues rock chic et santiags, elle bien maquillée et lui balaise et la banane bien peignée.

— Oh ! Les gars ! C'est pas possible ça ! Mais c'est qu'elles sont belles ces guitares ! Combien ça coûte ? Vous avez des tarifs pour la France ?
— Oui, bien sûr Jacky. Regarde, celle-là, tu vois la M1 Collection, tu la vends ce prix-là TTC et tu l'achètes ça. C'est bien, non ?
— Bon on va en prendre trois. Tu peux me faire un petit truc pour trois ? Mais à partir de maintenant, plus aucune vente directe à Toulouse, nous dit il très sérieux.
— Pas d'problem Jacky, c'est normal.

On revenait avec une commande et même si c'était auprès de français, qui plus est toulousains, ce salon international nous faisait augurer de bonnes retombées pour la France. Nous avions fait la connaissance de Piero Terracina, le fabricant italien des micros MAGNETICS, volubile, rondouillard et qui démarrait dans le business comme nous.

— Ils ont une bonne gueule ses micros, on dirait des EMG, il nous en a passé quelques-uns à tester.

– Et puis on va aussi pouvoir commander les micros Duncan en direct. On les a vus au salon, ils sont ok pour nous livrer en OEM à un super prix ! ça c'est bon ça !

Voilà ce qu'on avait raconté à nos collègues en rentrant.

Je ne l'aurais jamais cru, mais j'adorais participer à ces salons. C'était comme faire un concert, c'était un moment intense et gourmand en énergie, crevant, mais indispensable à la santé. Après ça on reprenait notre rythme à l'atelier, happés par les sons quotidiens de Moulis, les odeurs de bois, la fumée du poêle et les problèmes de production.

Pour améliorer notre productivité justement, nous avions accepté les services d'un chef d'entreprise à la retraite qui se proposait gratuitement de nous aider à quantifier les temps de production, et de nous permettre de mieux contrôler les heures de travail et le coût de revient. Il était bienveillant et s'appelait Mr Job, ça ne s'invente pas ! Sa méthode analytique et son regard extérieur avaient été d'un grand secours les quelques mois où s'était déployé son travail, nous permettant de réels progrès de productivité et d'organisation.

Mais pendant ce temps la trésorerie s'épuisait. On ne vendait pas assez de guitares, certaines traites étaient revenues impayées. On commençait à ressentir les coûts d'une distribution qui nous coûtait très cher en salons, catalogues, et déplacements commerciaux. Je m'étais lancé dans la recherche de subventions tous azimuts depuis quelques mois, et j'avais bon espoir au niveau Régional, ainsi qu'auprès du Ministère de la Culture à Paris, mais ces démarches prenaient toujours beaucoup de temps et on n'y comptait pas dans l'immédiat.

En revanche, je misais sur un petit évènement qui ne nous était pas arrivé tout à fait par hasard à Francfort, pensais-je : la visite sur notre stand de Daniel Neyret, patron de SMI, jeune et dynamique distributeur et nouvel acteur du business musical national.

Il avait l'œil et le cheveu noir, un blazer bleu et un pantalon gris, et nous parlait sur le ton tranquille du professionnel qui observe et prend la température. Il avait fait le tour des guitares puis nous avions parlé tous les deux car il souhaitait nous faire des offres de prix pour des pièces détachées japonaises qu'il importait, comme Gotoh, ainsi que des cordes et d'autres produits. J'avais gardé sa carte de visite. Depuis nous nous étions appelés une ou deux fois et j'avais passé de petites commandes.

Un jour en réunion en parlant de Neyret j'avais dit :

– Les mecs, Daniel a fait du super boulot avec Leduc, il l'a mis dans tous les magasins. Et nous on galère. On va devoir faire une tournée à Paris avec Michel à la fin du mois parce qu'on n'a presque plus de commandes.

– Oui, mais regarde où ça l'a mené Leduc, il va déposer le bilan, avait répondu Paul.

– Ya aussi d'autres raisons, j'avais ajouté. Moi, je me dis que ça simplifierait les choses pour nous.

— Mais on va lui vendre moins cher, alors que déjà on ne s'en sort pas !

— Oui, mais tout est question d'équilibre Paul, c'est un nouveau calcul, j'y travaille et ça paraît jouable. Et puis notre situation commerciale n'est pas bonne, on ne vend pas assez de grattes, tu es au courant, non ?

Lors de nos deux jours à Paris avec Michel, nous avions rendu visite à une floppée de magasins parisiens : Mettler, Jym, La Centrale, Hamm, Anders, Flore et Denison rue de Charenton, et récolté à peine une poignée de commandes. La situation devenait critique. J'avais pu rencontrer mon interlocuteur au Ministère de la Culture et les choses disait-il, avançaient. Dans une petite rue en pente de Pigalle, nous étions tombés sur Kamel Chenaoui qui prenait l'air devant sa porte, pendant que nous regardions les Apex dans la vitrine. On avait bavardé tous les trois. Kamel nous proposait de prendre des guitares en dépôt, mais ça ne nous intéressait pas trop, et on s'était quittés comme ça.

## 1984 (suite) SMI, la Rockline serpent, Despiau.

Michel était d'accord avec moi pour travailler à une solution avec SMI, donc j'avais appelé Neyret et on avait convenu d'un rendez- vous à Lyon. Au téléphone il m'avait dit :

– Tu prends l'avion à Toulouse à 8.30, tu arrives à Lyon un peu avant dix heures, je viens te chercher et comme ça on aura du temps pour discuter.

– Oui, bien sûr, ok à mercredi Daniel, ciao.

Le mercredi matin je m'étais réveillé en sursaut dans ma chambre, fixant le réveil qui à mon grand désespoir marquait 8.10. Quoi !? J'avais raté l'avion !? Mais comment avais-je fait !? Pourquoi n'avais-je pas entendu le réveil ? Pourquoi l'avais-je arrêté surtout ! Un vrai acte manqué, oui ! Tu avais peur de l'avion, Fred ! C'était ton premier vol et tu l'avais manqué ! Je m'étais précipité au téléphone pour connaitre les horaires de train pour Lyon, puis j'avais appelé Neyret.

– Daniel, c'est Fred. Je suis désolé j'ai raté l'avion, j'arrive avec le train, je serai à Lyon Perrache à 11.55. J'étais un peu honteux de ma mésaventure.

Il m'attendait et visiblement ne me tenait pas rigueur de mon retard. Nous étions montés dans sa voiture pour aller pas très loin de là, dans un bouchon lyonnais où j'avais dégusté pour la première fois un saucisson chaud énorme, envoyé avec quelques ballons de rouge.

L'ambiance était cordiale et chacun répondait aux questions de l'autre. Puis nous étions allés dans sa boite à Villeurbanne, au 11 rue Faillebin. Passées les grilles délimitant le bâtiment, j'étais tombé sur un jeune luthier, Thierry Monteil, chargé de faire le service après-vente des guitares. Daniel m'avait fait faire le tour du propriétaire et j'avais été impressionné par le niveau des stocks, l'organisation, le personnel, c'était très pro comparé à nous !

Son idée était simple :

    – Au lieu de vous disperser dans tous les sens une fois à l'atelier, une fois au téléphone avec des clients, moi je vous distribue dans toute la France et vous n'avez plus à vous occuper que de produire.

    – Oui je comprends. Mais la question qui me préoccupe c'est de savoir si le prix auquel on va te vendre les guitares sera suffisant pour nous.

    – Vous allez gagner du volume et de la régularité dans les ventes ce qui vous aidera à mieux organiser la production, et puis je vais vous calculer des prix d'achat spéciaux sur les pièces que vous prendrez. Il faut que tu m'envoie tes besoins en mécaniques, chevalets, plaques de jack tu vois, fais-moi une liste. J'établirai des tarifs aux ras des pâquerettes pour vous, et là aussi vous vous y retrouverez.

Cela faisait une heure que l'on discutait dans son bureau, j'avais commencé à lister des produits que je voyais dans le catalogue. Alors il m'avait dit :

    – Tu vois, il faut refaire toute la gamme de prix, surtout avec la nouvelle série.

– Oui c'est sûr.

– Tu vois par exemple cette guitare, je la verrais bien à ce prix-là qu'est-ce que t'en penses ?

Il s'était finalement mis au travail, et j'avais reçu, ce jour-là, un cours magistral sur la façon de calculer un prix ou d'acheter un produit en tant que distributeur. Merci Neyret. A l'aide de formules simples Daniel décortiquait les différents éléments constitutifs d'un prix de vente idéal comprenant la TVA, la marge du revendeur, la marge du distributeur et les frais. Dans l'autre sens, partant d'un prix de vente marché il aboutissait au prix d'achat idéal à payer au producteur. Tout cela était nouveau pour moi et me paraissait absolument décisif. Ce qui était nouveau, c'était le point de vue du distributeur et ce calcul, tout en pourcentages qui faisait qu'on ne travaillait jamais à perte. Neyret me montrait le point de vue commercial, les rouages de la création de profit, alors que moi je ne disposais jusqu'alors que du point de vue du fabricant, confronté à un seuil de rentabilité souvent difficile à atteindre.

J'étais rentré à Toulouse gonflé à bloc et globalement rassuré sur notre sort. J'avais bien compris tout l'intérêt que Neyret trouvait à l'affaire. Leduc était kaput, il remplaçait le chiffre d'affaire perdu par celui de LAG. Mais j'étais aussi intimement persuadé que ce régime nous permettrait de sécuriser l'entreprise, de nous resserrer sur les fonctions vitales, que ça nous donnerait un peu d'air et des moyens, et plus tard, la capacité de repartir.

Au dernier salon de Francfort, nous avions exposé une nouvelle guitare, une Star, mélange d'Explorer et de Flying V Gibson, avec un dos crème, des filets de bord de caisse et plutôt classe. Ce modèle avait eu un très bon accueil auprès du public. Michel avait bien senti les changements dans la musique des années 80, la domination des synthés et des machines, et il avait pressenti qu'un marché pouvait se développer pour la guitare dans cette niche qu'était le Hard Rock, ce qu'avait aussi anticipé une marque comme Ibanez.

Nous allions faire des guitares plus rock, plus faciles à produire et aussi moins chères à la vente, car nos guitares haut de gamme à manches collés ou traversants, ne se vendaient pas assez. Michel avait donc dessiné une guitare à manche vissé en retravaillant le dessin de la M2, en l'étirant dans la diagonale, et en lui faisant les body comfort d'une strat Fender. Elle était équipée d'un micro simple bobinage côté manche et d'un micro double bobinage qu'on appelait « Humbucker » côté chevalet. La tête avait six mécaniques du même côté. Un chevalet Schaller à plat et des accessoires chromes complétaient son équipement. Tout allait dans le sens d'un coût de revient plus bas que tout ce que nous avions fait jusque-là. Elle conservait néanmoins un air de famille LAG, car elle avait sur le bas du corps cette espèce de virgule caractéristique de toutes les LAG, cette espèce de « queue de canard », de « biscouette » ou de « bistouquette » comme on l'appelait en rigolant.

Peu de temps après, Patrick s'était pointé avec un rouleau de tapisserie sous le bras.

– Regardez un peu les mecs ce que j'ai trouvé !
– Ouah ! C'est chouette !

En plein milieu de l'atelier, Patrick déroulait la tapisserie, nous dévoilant une peau de serpent genre boa, avec une zone claire, au centre, correspondant au ventre de l'animal, et sur les bords de grosses écailles plus sombres, très bien imitées.

– Ça a un look d'enfer ! Ça, sur une gratte ! je te dis pas ! faisait Patrick, tout fier de sa trouvaille.

On était tous d'accord et, deux jours plus tard, Michel exhibait un corps de guitare finition serpent, splendide, du jamais vu ! Il avait réalisé un dégradé noir très fin sur les bords de la table, qui donnait l'impression que la peau de serpent entourait complètement le corps. C'était très réussi et complètement nouveau. Nous n'avions vu aucune guitare serpent à Francfort, pas plus qu'à Paris et nous étions très excités par ces nouveaux modèles et cette finition.

Quelques jours plus tard, j'étais en train de poncer des vernis sur la table en skaï grenat quand j'avais vu Michel arriver de la cabine avec un manche dans une main et des feuilles de lettre a set dans l'autre.

– Je crois que j'ai trouvé un nom pour la nouvelle série, il me fait en souriant d'un air ravi. Si on l'appelait Rockline ?

– Oui ! C'est bien, ça ! Oui c'est super, c'est moderne, international ! Ouais, vas-y ! T'allais l'écrire là ?

– Oui ça m'est venu en posant le logo, je trouvais qu'il manquait quelque chose. Je vais le faire !

La Rockline était née. On avait fait le proto avec un manche érable, on disait maple car on préférait parler en anglais, et comme le résultat sonore était excellent on avait immédiatement lancé une présérie.

Il y avait donc quelques Rockline serpent, mais on disait « snake », en stock, le jour où on avait appris que Renaud faisait un concert au Palais des Sports le soir même.

Je m'étais proposé pour le rencontrer car j'aimais bien le personnage et ses chansons, alors très populaires, en particulier auprès de mes filles. Les organisateurs de concert nous connaissaient et nous laissaient entrer lors de la balance pour rencontrer les artistes et leur montrer nos instruments. Lorsqu'on m'avait permis d'aller le voir, il était sur scène et discutait avec un musicien. J'avais sorti la guitare de l'étui et m'étais avancé vers lui la guitare « snake » entre les mains, et là il s'était figé. Littéralement.

– Eh les mecs, regardez ça ! Il avait empoigné la guitare pour la montrer à son tour. Elle est serpent, exactement comme mes santiags ! C'est incroyable !

Ses yeux allaient et venaient de haut en bas entre la guitare et les boots, bouche bée.

– Je la veux. Elle est à vendre ? il avait fait en se tournant vers moi, ses yeux bleus brillant d'envie.

– Oui, si vous voulez l'acheter… Je ne savais que dire, je ne m'étais pas du tout préparé, on n'avait encore jamais vendu une guitare directement pendant la balance !

Très vite m'étaient revenus à l'esprit les calculs de Neyret à Lyon et je lui avais sorti un prix revendeur TTC. C'était un bon prix pour lui et il avait accepté, dans la foulée, de signer le document nous permettant d'utiliser son nom, que pour le coup j'avais amené. Le lendemain j'avais porté à la banque le chèque de Renaud Séchan, que j'avais tenu à montrer fièrement au directeur de l'agence. Il était un peu bluffé quand même.

Depuis notre arrivée à Moulis nous avions des problèmes récurrents avec l'approvisionnement en bois, ce qui était préoccupant car c'était notre matière première principale.

Tant qu'on faisait vingt ou trente guitares par an comme rue Laganne, on trouvait toujours du bois. Acajou du Honduras, palissandre de Rio, ébène de Macassar, Acajou africain. Mais déjà en 1983 on avait vendu cent vingt instruments, et en 1984 on était partis pour en vendre deux cents, presque vingt par mois, et l'approvisionnement dans cette matière première absolument fondamentale s'était fortement compliqué. Les quelques importateurs de bois de la région travaillaient des essences utilisées dans le bâtiment, et quand on les visitait, on trouvait rarement un lot qui pouvait nous intéresser. Quand on recevait une belle grume d'acajou africain débitée en 54, on n'était pas sûr que la suivante serait de la même qualité, ni même qu'il y en aurait une autre disponible avant des mois. Les marchands de bois nous proposaient tout et n'importe quoi.

Pour la série Rockline, on aurait souhaité utiliser de l'érable pour les manches, de l'aulne ou du frêne pour les corps, des essences utilisées par Fender et qui avaient fait leurs preuves. Mais l'aulne américain et l'aulne européen ne sont que de lointains cousins. L'aulne que nous trouvions ici avec difficulté n'était souvent pas assez gros et il était lourd. Quant au frêne français, il était beau avec son aspect rayé, mais sa densité le rendait inutilisable. En guise d'érable on nous vendait du sycomore, ce qui était loin de l'érable américain, là encore, mais nous n'avions pas le choix au début.

– Et pour les corps, alors ! On les fait dans quoi ?
– Moi je vous l'ai déjà dit, fait Paul, j'ai peut-être une solution, mais bon, je n'ai jamais le temps de m'en occuper !
– Mais de quoi tu parles Paul ?
– Eh bé d'un mec qui a une scierie, je vous en ai parlé, c'est un ami de mes parents. Je sais qu'il travaille le platane qui, figurez-vous, est un lointain cousin de l'érable, alors je voulais faire un essai.

– Mais c'est génial Paul ! Samedi on y va, je fais. C'est à Gimont, tu dis ? Mais c'est à cinquante bornes à peine !

Et le samedi suivant nous étions partis, Michel Paul et moi, en début d'après -midi, dans la belle campagne gersoise aux routes bordées de platanes.

– Regardez-moi tous ces arbres, les mecs ! Si ça fonctionne, on ne va pas manquer de bois !

Arrivés en haut de la côte de Gimont, nous avions pris une route sur la gauche et guidés par Paul nous étions arrivés en vue d'une belle bâtisse entourée de rosiers, avec un perron de quelques marches permettant d'accéder à la porte centrale en bois, à deux battants. A peine avions nous frappé qu'un homme grand et sec, la cinquantaine, portant béret et lunettes avait ouvert.

– Bonjour Mr Despiau, je suis Paul, vous vous rappelez de moi ?

– Oui, qu'est ce qui t'amène ? Mais venez, entrez donc.

Il nous avait fait pénétrer dans un petit salon, et quand nous avions été tous installés Paul avait repris.

– Tu sais, on fabrique des guitares électriques et on voudrait faire des essais avec du platane, j'ai cru comprendre que tu en avais.

– Oui, pour ça oui, mais j'arrête la scierie, tu sais. J'en ai hérité, de cette scierie, mais ça ne me plaît pas. Ce n'est pas rentable et puis maintenant, peut être faisait-il référence à un deuil récent, je n'ai plus envie de me battre pour ce genre de choses.

Lunettes sur le nez, béret sur la tête, il était vêtu d'un pull noir tricoté main qui le moulait. Soudain il s'était levé en souriant d'un air malin et avait empoigné dans ses grandes mains un violon et un archet qui se trouvaient sur un petit bureau.

– Maintenant je fais comme vous, je fais de la musique !

Et il s'était mis à jouer un morceau, là dans le salon, tirant des sons magnifiques de son violon qu'il pressait contre sa joue

– Le son d'un violon vient pour une bonne part du chevalet, nous dit-il. Celui-là, c'est moi qui l'ai fabriqué, en platane, car c'est le meilleur bois, je trouve, pour ça. Et puis il y a la découpe originale Despiau. J'ai essayé tous les chevalets du marché, vous savez, les Aubert, Teller et consorts, et je trouve que mes chevalets sonnent vraiment mieux.

Il s'était remis à jouer un moment, mettant de l'intensité dans ses notes et prenant un grand plaisir. Puis il nous avait montré le logo qu'il avait dessiné pour la marque de chevalets qu'il projetait de lancer. Un beau dessin à l'encre, représentant un arbre aux mille branches, inscrit dans la découpe d'un chevalet de violon portant la marque juste en dessous, en gras, DESPIAU. Il dessinait très bien, jouait du violon admirablement, travaillait le bois de ses mains et était totalement habité par sa création. C'était un peu le profil de Michel, je m'étais dit.

– Venez maintenant, je vais vous montrer le bois qui me reste.

En descendant à sa suite vers un hangar, par un chemin qui contournait la maison, j'éprouvais de l'émotion pour cet homme mûr, ce gascon de village, qui faisait basculer sa vie et s'élançait en « terra incognita » en suivant son violon qui ne l'avait jamais abandonné. En cela il nous était proche et je le comprenais. Il parlait des instruments de musique et de sa recherche de façon charnelle, on voyait qu'il avait beaucoup gambergé. En reprenant la route de Toulouse avec nos échantillons de bois ce soir-là, nous ignorions qu'il deviendrait plus tard un des leaders mondiaux sur le marché des chevalets de violon et autres instruments du quatuor !

Progressivement, grâce à SMI et aux appros de bois réguliers, on commençait une nouvelle existence, plus structurée, et on avait pris une semaine de congés cet été-là. Neyret envoyait de bonnes commandes et payait selon les modalités convenues. De notre côté, on honorait nos factures, on payait les salaires et les charges et on était dans les clous avec la banque. Nous nous interdisions toute commande en direct de la part de revendeurs français mais acceptions parfois quelques commandes de particuliers ou des demandes spéciales qui amélioraient l'ordinaire et nous permettaient aussi, il faut bien le dire, de sortir de la série, de faire des choses nouvelles. Le secteur réparations apportait sa part au chiffre d'affaires et pouvait encore être développé.

Nous nous étions rendus au Salon de Paris en septembre, sur un weekend, pour voir nos guitares exposées sur le stand SMI. On avait parlé avec des clients et fait un peu de promo. A l'occasion on avait rencontré l'équipe commerciale de Neyret au grand complet et bien sympathisé avec un commercial fougueux et truculent nommé Claude Fouquet, basé à Bordeaux.

Depuis notre création, nous n'avions encore embauché personne, nous étions toujours tous les cinq plus Dani à mi-temps. Pas loin de chez nous, il y avait un gars qui faisait des tables basses, noires ou blanches, vernies polyester, que l'on trouvait de plus en plus dans les magasins de mobilier contemporain. Michel et lui parlaient souvent de leurs problèmes de vernis et un jour qu'il était là, il avait dit :

– Ça ne vous intéresserait pas de prendre mon ouvrier ? Je ne vais pas pouvoir le garder, mais pour vous ce serait bien, il sait bosser.

Dominique ne savait pas bosser sur des guitares, mais il connaissait assez bien la technique du pistolet, le ponçage et le polissage et il s'était mis directement à travailler avec Michel. Il avait une vingtaine d'années et un beau sourire, et même s'il râlait, au début, des cadences que Michel imposait, il avait vite fait sa place. Le secteur cabine qui jusque-là était un goulet d'étranglement, avait doublé quasiment sa capacité, ce qui avait provoqué la mise sous pression de Paul et de Patrick qui devaient l'alimenter.

Les encours et la production vendue augmentaient et mon travail se transformait. Je passais des commandes chez Seymour Duncan par courrier, et ensuite il fallait aller à la banque ouvrir un crédit documentaire en dollars pour effectuer les paiements. J'allais à la Sernam récupérer des colis Schaller pour avoir les marchandises plus rapidement. J'établissais des fiches suiveuses pour la production, pour contrôler les temps, et je devais palabrer avec Patrick, Paul et François, qui trouvaient que c'était du flicage. Je faisais des plannings, passais des commandes, emballais les guitares, discutais avec Daniel Neyret au téléphone et poursuivais mes demandes de subventions auprès de la DRIR.

Je travaillais avec Dani qui continuait à faire le secrétariat comptable comme au temps de Michel artisan. On voyait qu'elle aimait l'ambiance de la boite. Elle connaissait François depuis l'école maternelle ! Elle aurait certainement aimé s'investir davantage mais elle venait en pointillés, devait s'organiser pour la garde de Damien, faisait ses heures et repartait. On avait souvent des choses à voir ensemble, surtout au moment du bilan. La compta se faisait sur de grands cahiers Exacompta, avec des carbones ; il fallait reporter les soldes, vérifier toutes les additions et ça ne tombait pas juste au premier coup. C'était terrible, et ça nous prenait plusieurs nuits de stress en fin d'exercice, auxquelles se joignait parfois Michèle, ma femme, pour aider.

## 1985 Année maousse ! La CX, la cambuse, Goldman, Raoul Petite, Bashung, Jean G.

Cette fois, pour le salon de Francfort nous nous étions bien préparés. Finies les galères !

La gamme avait été définie avec Neyret pour la France. Les nouvelles Rockline étaient disponibles en finitions serpent, léopard, et « Van Halen » ! Le jeune Eddy s'était fait remarquer avec sa strat rouge entourée de ruban adhésif noir ou blanc et nous avions reproduit cet effet en cabine et proposé deux versions pour les corps : noir avec des bandes jaunes, rouge avec des bandes blanches. C'était très bien fait et bien rock à l'époque, ça marchait fort.

Des anciennes guitares, seule restait la M1 Collection, « La Diva ». La Vintage s'était transformée en guitare à table bombée, sapelli pommelé, vernis cherry translucide avec filets de bord de caisse et de manche. Deux micros humbuckers, chevalet LP ou vibrato Khaller, tête coordonnée avec six mécaniques du même côté, et sur le corps, la fameuse « bistouquette », en bas à droite. Attention, grande différence, les Rockline et la M1 portaient la « bistouquette » à gauche !

JJ Goldman nous avait acheté une Vintage qu'il était venu chercher au local à Moulis, en taxi, tout seul comme un grand. Je le revoyais dans mon petit bureau avec son anorak bleu. C'était bien lui en chair et en os.

Il aimait cette guitare et nous, nous aimions bien le voir avec, à la télé.

On avait aussi produit la Vintage en finition serpent, et François avait toujours la sienne, équipée d'un Floyd chromé, exposée comme une relique dans son magasin.

*Tu ne te souviens pas, me disait-il l'autre jour, qu'on avait eu une bille d'acajou exceptionnelle et qu'on n'avait jamais pu en retrouver une autre pareille ? Eh bien cette guitare, elle vient de cette bille excellente, et c'est pour ça qu'elle sonne si bien !*

Donc cette année-là, pour Francfort, pas question de galérer !

— Les mecs, je propose qu'on envoie les guitares en avance par Danzas, et comme ça, nous, on monte en bagnole et basta, non ? Qu'est-ce que vous en pensez ?

— Oui ça serait bien, pour une fois, fait Michel ! On devrait pouvoir, on a pas mal de guitares prêtes déjà, non ? Où on en est de la liste de Francfort ? J'en ai encore deux trois au vernis et toi François, tu as bien avancé, non ?

— Ouais, ouais.

— François, tu viens alors, ce coup-ci, je fais ?

— Ben les mecs, c'est ce qu'on avait dit, non ? Que l'un de nous viendrait chaque année avec vous au salon !

— Bon, eh bien, ok. Comment on monte, on loue une caisse ?

— J'ai parlé avec Helios Saenz, ajoute François. Il me disait qu'il aimerait bien voir ça, un salon comme celui de Francfort, il a une grosse CX Citroën et il peut nous amener tous. Ça peut être une solution.

— C'est confortable, dit Michel, réjoui par l'idée.

— Au fait ! Euh ! Je fais, il y a la stagiaire.

— Quelle stagiaire, demandent mes potes en chœur, pris de court ?

— Je ne vous en ai pas parlé, j'ai oublié, c'est une nana de l'école de commerce qui cherchait un stage export, elle a appelé et j'ai pensé que ça pourrait être intéressant pour nous pendant le salon, et pour le suivi.

— Pour faire les cafés !?

— Elle est comment, fait Paul ?

— Je n'en sais rien, je ne l'ai eu qu'au téléphone, elle s'appelle Ghislène, elle m'a parue bien. Vous allez la voir.

— A cinq dans la caisse ? Ouais, bon, c'est jouable conclut Michel, un peu moins réjoui.


Le jour du départ on s'étaient retrouvés à Moulis, il faisait encore nuit. Ghislène était arrivée dans un manteau à col de fourrure genre diva, avec un gros sac à main et une valise vraiment énorme. Personne n'avait fait de commentaires, mais notre silence devait être éloquent car elle avait ajouté en riant aux éclats comme la Castafiore :

— J'ai pris des fringues, quand même, pour me changer au salon ! Vous allez voir ça ! Et puis le maquillage, et tout ! Elle s'esclaffait.

On ne savait pas si elle plaisantait ou si elle était sérieuse. On ne la connaissait pas, cette fille. Elle s'était installée sur la banquette arrière, au milieu, François et moi aux portières, Michel devant avec Helios qui conduisait. La voiture était pleine comme un œuf et baignait dans le parfum sucré de Ghislène. Nous avions rejoint l'hôtel à Kelsterbach tard dans la nuit et bien cassés.

Dès le premier jour du salon, la neige s'était mise à tomber sans discontinuer, en gros flocons qui recouvraient tout d'une épaisse couche blanche de trente bons centimètres. Les grandes artères étaient dégagées et salées, mais pas les rues, ni le réseau secondaire et naturellement nous n'avions ni pneus neige ni chaînes. On pestait contre ce temps, car l'air était humide et glacé et on n'était pas vraiment habillés pour ce froid. Mains dans les poches, serrés tous les cinq sur le trottoir couvert de neige, on exhalait un panache de vapeur en parlant.

– Pourquoi on n'irait pas manger à Kelsterbach, à l'auberge ? Une côtelette de porc avec des oignons et une bonne bière ? Je ne sais pas ce qu'on va trouver par ici…

Le deuxième jour, il ne neigeait plus, mais il faisait moins quinze degrés. La CX nous avait emmenés au salon mais ensuite elle avait refusé de démarrer. Elle partait à la poussette quand on arrivait à prendre un peu de vitesse, mais sur de la neige gelée et tassée, parfois relevée en congères, c'était difficile de pousser sans se retrouver étalé de tout son long à l'arrière de la voiture. C'était arrivé plus d'une fois et heureusement qu'on était trois à pousser, mais ça n'empêchait pas la neige d'entrer dans les souliers, de tremper manteaux et écharpes.

Pousser la carrosserie gelée de cette diablesse de bagnole, sans gants, les pieds mouillés, à onze heures du soir, le long de rues inconnues après une journée de salon, ne nous dispensait pas de bien rigoler. Quand enfin le moteur pétaradait dans un gros nuage de vapeur blanche, Ghislène, qui s'était tenue à l'abri du vent pendant qu'on démarrait la voiture arrivait à petits pas dans ses escarpins et nous on l'attendait pour monter après elle. Les body guards !

Il faisait moins vingt la nuit et moins quinze le jour. Même au salon, malgré les climatiseurs, on sentait le froid du dehors. Nous avions cette année-là un stand plutôt en longueur, en bordure d'une allée, sur la gauche. Les guitares étaient exposées par familles sur des pieds standard en métal noir, installés sur des podiums que nous avions fabriqués de différentes hauteurs et recouverts de tissu noir.

Les guitares vivaient mal ces températures extrêmes. A moins quinze l'air était très sec, trop sec, et faisait se rétracter le bois sur tous les instruments. Sur nos guitares, les frettes, ces barrettes de métal implantées sur le manche, du fait de la rétraction de la touche, dépassaient de quelques dixièmes de millimètres de chaque côté du manche, et c'était sensible et désagréable pour la main gauche dès lors qu'on se mettait à jouer. On ne pouvait pas faire essayer des guitares dans cet état. En tant qu'exposants, nous pouvions entrer au salon une demi-heure avant le public, donc nous arrivions à 8.30.

Pendant que le café chauffait, on nettoyait les guitares et on faisait une inspection en règle. François s'occupait de celles qui avaient trop travaillé. Il avait amené un kit de campagne de lutherie et à l'aide d'une pierre et de divers papiers abrasifs il réglait le problème.

Sur les stands d'instruments du quatuor, en revanche, c'était la catastrophe. Les violons, les violoncelles éclataient ! Une fois, en me promenant par là-bas, j'avais vu des exposants jeter de pleins seaux d'eau sur la belle moquette de leurs stands pour humidifier l'air au maximum avant que les violons ne se fendent ou cassent. Cela faisait flic floc quand ils marchaient dessus, mais c'était le dernier de leurs soucis.

Pendant ce temps Helios qui n'était pas avec nous s'occupait de la voiture.

– Eh les mecs ! Je sais pourquoi elle démarre plus. Les CX vendues par Citroën en Allemagne sont équipées d'un autre modèle de démarreur qui résiste au froid de par ici ! La mienne, qui est française, n'en est pas pourvue, et du coup, ça a pété.

– Mais on va pouvoir réparer ?

– Ouais je m'en occupe demain, j'ai trouvé un garage.

– Man, tu assures vraiment, c'est super.

– Ouais, en attendant va falloir continuer à pousser, les mecs ! Jusqu'à demain !

Ghisléne avait sorti des tenues de femme fatale et des ensembles plus recherchés, entre opéra rock et style hippie, qui collaient mieux à sa chevelure ébouriffée colorée au henné, sa bouche écarlate et ses colliers de perles. Elle abordait les visiteurs qui passaient devant le stand sourire aux lèvres, et offrait le café lorsque des clients s'asseyaient avec nous. Nous avions revu les distributeurs suisses de Transit Music, les autrichiens de Klangfarbe, rencontré les italiens de Casale Bauer, et tous avaient passé commande, c'était génial ! Nous avions fait la connaissance de Michel Hamelrick de Bruxelles, un jeune homme de notre âge, fan de BD, distributeur sur la Belgique et les Pays Bas et complètement enthousiaste qui nous avait pris d'autorité une dizaine de guitares.

– Tu me mets aussi celle-là, en noir, notes en deux, et deux en blanc aussi, voilà ça fait dix. Pour démarrer, avait-il ajouté, avec son accent Belge qui nous faisait sourire.

Nous rentrions, cette fois, avec plus de trente instruments en commande. C'était notre troisième salon de Francfort. Michel et moi avions eu un rendez-vous avec Helmut Schaller et Seymour Duncan en personne, et raflé catalogues, docs et listes de prix de tout ce qui nous paraissait nouveau et intéressant. Cet univers nous était de plus en plus familier et nous plaisait comme une drogue.

La vague de froid était terminée quand nous avions pris la route du sud, vers Stuttgart, Basel puis Mulhouse, pour rentrer chez nous dare-dare, groggys, les yeux mi-clos, enfoncés dans les fauteuils de la CX pendant 1400 kms.

De retour au boulot, le lundi ou le mardi, on m'avait dit que François Delfin, le guitariste de Raoul Petite, avait téléphoné et qu'il fallait le rappeler d'urgence. Au téléphone il m'avait alors commandé deux guitares, identiques, deux Vintages, une jaune et une verte.

– Ouais, tu sais, je voudrais les couleurs BP, tu vois ?
– Les stations-service ?
– Ouais, tu vois dans le logo BP y a une lettre jaune et une lettre verte, je veux deux guitares pareilles de chaque couleur, exactement les mêmes couleurs que celles du logo, une guitare jaune et une guitare verte.
– Ok ! C'est super. Je t'envoie le devis et le contrat.


On demandait aux artistes connus des photos avec la guitare et le droit d'utiliser leur nom. En échange on leur faisait un prix spécial et on les associait à notre communication. On avait des plans de temps en temps. On avait fait une Rockline serpent pour Laurie Wisfield de Wishbone Ash, et une autre pour Bernard Margarit le guitariste de l'orchestre René Coll, un grand orchestre de bal qui jouait toute l'année.

C'était une période heureuse, pendant laquelle il y avait toujours quelque chose d'excitant qui arrivait. On avait du succès. On plantait nos dents dans tout ce qui passait. Projet d'école de musique, soirée Beatles à la Halle aux grains avec Cabrel et des tas d'invités, où Michel s'était distingué en chantant Blackbird magnifiquement. Nous étions plusieurs de chez LAG sur les gradins, à le regarder chanter sur la scène éclairée. C'était très bon ça aussi pour l'image des guitares.

On avait revu Francis Cabrel et on avait même mangé avec lui un soir au Bar des Vedettes, pas loin de là où j'habitais. Je ne sais pas pourquoi ma fille Rachel, qui était petite, était avec nous ce soir-là. Francis n'était pas un grand expansif, il parlait la bouche un peu serrée et souriait à peine. Moi je le regardais avec admiration. Il nous avait surpris avec son accent, ses chansons en français et sa dégaine de rocker troubadour à la Dylan. C'était déjà une star mais il était simple et se sentait concerné par notre aventure. Il nous avait commandé ce soir-là une double manche, six et douze cordes, mais au final il l'avait très peu utilisée. Il s'intéressait aux luthiers et aux fabricants de guitares et nous avait tous soutenus les uns ou les autres de différentes manières à un moment ou à un autre.

A l'atelier nous avions toujours besoin de bras. Tu veux venir ? Lucie était arrivée en stage un jour d'Avril. Elle n'avait pas vingt ans, les cheveux longs et raides, un peu maigre, un joli sourire qui illuminait un visage allongé. Ça nous serrait un peu le cœur de la voir poncer, couverte de poussière jusqu'au bout du nez dans le froid du matin, mais cette fille était vraiment courageuse, elle ne rechignait pas au travail et elle était douée, on l'aimait vraiment bien. A la fin de son stage, elle était partie chez Frank Cheval, dans la Drôme, et aux dernières nouvelles, plus de trente ans plus tard, elle y est encore et fabrique des guitares avec lui.

Dans un petit réduit pas très loin des cabinets, après chez Jaguar, on avait installé notre cambuse. Un évier, un réchaud à gaz, une table et des chaises pouvant nous accueillir l'hiver et en cas de pluie. C'était un peu crado car on n'y faisait pas souvent le ménage, mais on y mangeait tous les midis. Parfois on sortait la table pour manger au soleil.

Chacun de nous cinq « était de bouffe » un jour de la semaine, moi c'était le mardi. Je devais donc quitter mon travail à 11.30 pour aller faire les courses à Aucamville, à deux minutes en bagnole.

Qu'est-ce que je vais faire à manger ?

Il fallait une entrée, un plat et un dessert ! Par exemple, salade de tomates, steak avec des pâtes et yaourts en dessert. Du vin bien sûr ! Et il fallait, en principe, que tout soit prêt à 12.30, la table mise et tout ! Mais parfois il y avait du retard en cuisine et on taquinait le cuistot. On restait dehors à discuter et à fumer, assis au soleil avec un verre de vin, sauf Chave qui n'en buvait pas. Pas de téléphone portable ni d'internet. Il y avait nous et rien que nous. Un chien qui aboie, une voiture qui passe.

En cuisine, chacun faisait avec ses goûts et ses habitudes et c'était marrant de découvrir le menu quand on arrivait. Paul était de loin le plus créatif.

— Alors Paulo, tu nous a fait du poulet à la ficelle ?
— Ben non, les mecs, je peux pas faire ça à chaque fois ! Aujourd'hui c'est du veau avec des champignons !
— Wouahh ! Ça sent bon !

On avait découvert ce qu'était le poulet à la ficelle le jour où on l'avait vu enflammer avec son briquet une ficelle enduite de lard au-dessus du plat de cuisses de poulet qu'il avait fait dorer. Les gouttelettes de lard, noirâtres et brûlantes, tombaient en crépitant sur le poulet et donnaient à la viande un fumet « a la ficelle » incomparable. Une vraie recette de scout !

Après le café, chacun regagnait son poste de travail et celui « qui était de bouffe » devait faire la vaisselle et nettoyer la pièce.

On avait arrêté les tours de rôle à la cuisine après quelques mois, car cela nous faisait perdre trop de temps, disait-on. Mais cette décision exprimait sans doute, aussi, une certaine lassitude de la vie collective que l'on menait alors. Parfois, confusément, chacun de nous éprouvait le sentiment que travailler ensemble, manger ensemble, discuter, s'opposer ou chercher un accord, était épuisant et pompait toutes nos forces. Alors l'ambiance changeait, on s'éloignait un peu les uns des autres et chacun montrait qu'il faisait son job, point à la ligne.

La boîte avait démarré comme un groupe de rock dans lequel chacun avait sa place en tant que personne. Au début nous étions tous associés. La vie communautaire que nous entretenions toujours était à l'image de celle d'un groupe de musiciens, soudé par la création, les répétitions, les concerts et les tournées. Mais comme dans un groupe de rock, notre boîte avait aussi ses leaders et les décisions que nous étions amenés à prendre, Michel et moi, n'étaient pas toujours du goût de tout le monde.

L'humeur de LAG ondulait comme une vague, passant du collectif participatif joyeux au style hiérarchique, rigide et fermé. Mais les moments de crise ne duraient pas. On continuait à se parler. Tout le monde était présent aux réunions qui se tenaient généralement dans mon bureau et on abordait tous les sujets brûlants du moment.

Expliquer, apporter des informations, écouter, tracer la route, donner des échéances, suffisaient souvent à redonner du sens au quotidien et à ressouder l'équipe, au moins voulions nous le croire. La vague repartait dans l'autre sens, l'humeur de la boîte se stabilisait peu à peu, de plus en plus tranquille, jusqu'à atteindre parfois un point culminant d'autosatisfaction collective, un petit moment de jubilation et de gloire, comme un concert de Bashung par exemple ?

– Hé les mecs, demain y a les musiciens de Bashung qui viennent visiter l'usine et essayer des grattes !

– Ouais, c'est cool ça ! François, on a des guitares à faire essayer ?

– Ouais, y a des Rockline, et puis je leur ferai essayer la mienne, la Vintage serpent !

Le lendemain un taxi nous amenait deux jeunes gars de la région parisienne, complètement fébriles et excités de se trouver là.

– Olivier, guitariste de Bashung.

– Salut, Fred, enchanté

– François, le bassiste !

– Vous êtes bien ici, fait Olivier en se tournant vers les bâtiments de bois de chez LAG et le garage Jaguar. Il laissait courir son regard sur la cour pierreuse, jusqu'aux acacias au fond, et levait les yeux vers le ciel bleu tout en prenant une grande inspiration.

– Ça, c'est le bon air ! Eh, François, c'est dingue d'être ici non ?

Ils étaient très sympas et s'étaient bien intéressés à la visite de l'atelier, aux différentes étapes de la fabrication. Olivier voulait une guitare et s'était arrangé avec la production pour se la faire payer. Tout le monde était content. Nous les avions invités au restaurant d'Aucamville où ils nous avaient raconté que la tournée était d'enfer, les concerts super et on avait bien accroché avec eux. Nous étions tous invités le soir au Pied, pour le concert d'Alain.

Le Pied était une boîte de nuit perdue dans la campagne gersoise, à une bonne demi-heure de Toulouse, avec une réputation Rock bien établie. Une grosse ferme transformée en boîte de nuit, avec salle de restaurant, bar, scène de concert et belle cheminée où flambait un grand feu. Nous avions mangé avec les musiciens, Alain Bashung ne faisant que quelques rares apparitions à table. Dehors, dans la semi-obscurité des silhouettes se croisaient, des rires fusaient, on sentait qu'il y avait beaucoup de dope ce soir-là, un peu partout, mais nous n'en avions pas profité.

En revanche, le concert était magnifique. Dans cette vieille ferme aux poutres noircies, où se pressait un public nombreux, la proximité des musiciens et de Bashung devant son micro, électrisait tout le monde. Olivier balançait de super rythmiques sur la Rockline LAG serpent qui sonnait bien, pleine et précise, j'en étais super heureux et en même temps, je flippais que quelque chose se produise, un faux contact dans le jack, que sais-je !

La musique était si bonne et Olivier faisait tellement confiance à son instrument, que j'en étais profondément ému. Alain chantait d'une voix rauque et splendide, toute en nuances, des textes qui m'allaient droit au cœur, comme « bijou », ou alors il secouait le public avec « SOS amor » (tu m'as conquis j't'adore) où François jouait la basse aux claviers. La salle chavirait. Au rappel, Paul Personne (mais d'où sortait-il ?) était monté sur scène avec Alain pour chanter « Hey Joe ». Les rockeurs se répondaient, mêlant parfois leurs voix, les guitares partaient en solos enveloppés par les nappes des claviers, le public noyé dans la pénombre et la fumée des cigarettes était transporté, c'était très bon. Les LAG participaient vraiment à des concerts brillants.

Dès le lundi matin, à Moulis, on écoutait une autre musique, celle de la raboteuse ou de la défonceuse qui creusait le bois avec sa mèche au carbure, envoyant valser copeaux et sciure sur les bras de Paul ou de Patrick, musique de la scie à ruban que je lançais et qui montait crescendo, celle des ventilos de la cabine qui mugissaient en fond sonore. On entendait aussi le touret à polir qui, dès qu'on appliquait une guitare sur les feutres enduits de pâte, ralentissait sa vitesse, passait dans les graves et retrouvait sa note plus aigüe dès qu'on relâchait la pression. Le ronron de la perceuse à colonne qui tournait lentement, les coups de marteau de Paul quand il frettait, les rap rap rap, frot frot frot, du ponçage, et nos voix qui s'interpellaient par-dessus tout ça.

Le platane passé au séchoir, en sélectionnant les parties les plus légères, nous dépannait bien, faute de mieux. Nous achetions à présent de l'érable ainsi que des touches en palissandre ou en ébène chez Kauffer, dans l'Oise, un parent de Delaruelle, qui commençait à se spécialiser dans la fourniture de bois de lutherie. Comme on avait rapidement épuisé les rouleaux de tapisserie serpent et léopard en stock chez le fournisseur, on avait fait réaliser des photos, puis des tirages sur papier au format d'un corps de guitare.

J'avais confié ce travail à l'imprimerie 34, une entreprise cogérée par des anars que j'avais connus dans les années 70 et qui vivaient toujours en communauté, du côté de la forêt de Bouconne. Ils éditaient « Flash », un petit hebdo qui faisait leur réputation, car on y trouvait tous les spectacles, films, concerts expos et restaus de Toulouse. C'était le seul canard de ce genre, autant dire qu'il était entre toutes les mains. Cela me plaisait de travailler avec eux. Ils faisaient preuve d'une grande liberté intellectuelle dans leur fonctionnement interne et en même temps se conformaient aux réalités du marché. Un peu comme nous pensais-je parfois, mais peut-être que j'idéalisais les choses.

Michel était partout et de façon constante à la production. Appelé à la rescousse en cas de difficulté, que ce soit pour un éclat de bois ou pour une galère d'outillage, il était toujours présent au secteur vernis. Il intervenait en tandem avec Domi dans les applications, au ponçage et au polissage avec Domi et moi. Mais il ne faisait pas que cela, il assurait énormément de relations publiques au téléphone, car les gens l'appelaient, le connaissaient et souhaitaient lui parler.

– Michel, téléphone ! Je criais depuis la porte.
– C'est qui ?
Il arrivait du ponçage, couvert de la poussière blanche, fine comme de la farine, jusque sur les sourcils et les poils de barbe et prenait le téléphone sur le bureau avec presque toujours un sourire de plaisir.

– Allo ! Ah ! Salut.

Ce pouvait être un fournisseur de vernis, ou Nono de Trust, Yvan « Monreuf » de Pigalle, ou Patrice Drevet qui était justement venu filmer le Mini Journal de TF1 sur les guitares LAG à Moulis au printemps 85. Un beau reportage, avec une longue interview de Michel qui se terminait par une question de Patrice Drevet :

– Michel Chavarria, comment voyez-vous à présent l'avenir de votre entreprise ? Et Michel, après avoir évoqué le développement des ventes en France et à l'export, avait conclu sur quelque chose comme :

– Vous savez, dans une petite PME comme la nôtre, l'avenir dépend nécessairement des capacités de création et d'innovation et nous y travaillons.

C'était beau ! Clap de fin.

Et à propos d'innovation Michel était justement en contact avec un étrange personnage. Il bossait au LAAS, le Laboratoire d'Analyse et d'Architecture des Systèmes, à Toulouse, et s'appelait Jean G.

C'était un homme fluet d'une cinquantaine d'années, bronzé en toute saison, d'apparence fragile, lunettes fines et cheveux ras, végétarien un peu New Age, qui nous recevait dans sa maison particulière du côté de Balma.

Au début j'avais un peu de mal à dissimuler mon fou rire car il s'exprimait d'une voix basse, presque de conspirateur, pour nous expliquer tout un tas de choses sur cette incroyable peau sensible artificielle conçue par son laboratoire et qui se comportait à la pression comme un potentiomètre. Il branchait des électrodes, des jacks et des boitiers d'interface connectés à une sono, et nous faisait entendre, en appuyant sur la peau, des sons étranges qui résonnaient dans la pièce et le plongeaient dans un ravissement intense qu'on avait un peu de mal à partager. C'était dur de retenir le fou rire ! On était jeunes et on fabriquait des guitares électriques ! pas de la musique planante ! Mais passé le premier moment de surprise, la prouesse technique de la peau sensible et les capacités nouvelles du MIDI, ainsi que la passion profonde de ce chercheur décalé nous avaient touchés et impressionnés. Ainsi que le potentiel que représentait l'innovation, à un moment où les synthétiseurs et les machines prenaient une place déterminante dans la musique. On sentait que c'était sérieux. Il y avait peut-être un filon.

La première chose qu'on faisait en sortant de chez lui, c'était d'allumer une cigarette en rigolant, car bien sûr on ne pouvait pas fumer en sa présence.

Au fil du temps, nous avions signé un protocole de collaboration comme un joint-venture entreprise-labo et nous faisions des expérimentations avec des capteurs souples, collés directement sur un manche et des interfaces MIDI. L'idée bien sûr était de tenter de concevoir une guitare « synthé » ou MIDI qui soit différente et plus intéressante que la guitare synthé Roland, déjà commercialisée. C'était très ambitieux et très peu réaliste et même si nous en étions conscients, nous avions envie d'expérimenter. Rien ne nous faisait peur !

Les virements en dollars sur la Wells Fargo Bank à El Monte, California, en faveur de Duncan étaient devenus chose courante. Neyret passait des commandes et faisait des pubs LAG dans les journaux spécialisés. Ghislène et moi avions boosté le suivi du salon de Francfort, et en septembre LAG avait livré de nouvelles commandes en Autriche, en Belgique, et même en Finlande.

Pour certains, tout allait bien, mais pour Patrick, rien n'allait plus. Il s'était plaint dès le début de l'année, il disait qu'il avait trop de pression. Il voulait qu'on arrête la production pendant quinze jours au moins pour refaire les gabarits et les systèmes qui avaient déjà pas mal vieilli, et reprendre ensuite dans de meilleures conditions d'efficacité et de sécurité.

On n'avait pas mesuré son malaise, ni qu'il était plus jeune que nous. A la fin de l'été, au bout du rouleau, il avait jeté l'éponge et décidé de quitter la boîte.

– Pour faire autre chose ! Merde !

C'était en même temps la fin de son contrat de deux ans et il était parti, et nous, sur le moment, nous n'avions pas pris la mesure de ce que ce premier départ racontait de notre histoire. Seules dominaient l'urgence de son remplacement et les difficultés que cela soulevait. L'ANPE nous avait envoyé Christian, un jeune gars du nord aux cheveux blonds, un « binoclar » aux yeux bleus, un peu enrobé, qui avait une histoire compliquée et n'était même pas guitariste. Il parlait avec un drôle d'accent qui nous faisait secrètement sourire. On l'avait pris à l'essai pendant un mois, en tandem avec Patrick, et comme il était costaud, compétent et gentil, et qu'on en avait besoin, on l'avait gardé.

Par G. nous avions fait la connaissance de Peter. Un grand blond bâti comme un viking, avec barbe moustache et cheveux en tempête, propriétaire d'un petit restau dans la cité de Carcassonne. Il utilisait ses revenus pour développer une batterie électronique sur système Roland avec des pads équipés de la peau sensible du LAAS. Le toucher de baguette et la dynamique étaient excellents disait Peter, et il s'était tout naturellement tourné vers nous pour la fabrication des pads et les finitions vernies que nous pouvions apporter. Nous en avions toute une série dans l'atelier en cette fin d'année parmi les corps de guitares et les manches alignés sur les chariots.

Décembre était humide et froid et ça caillait. Le gros poêle ronflait sans discontinuer et envoyait de grandes giclées d'étincelles rougeoyantes quand on le chargeait par la gueule. Et puis un matin, un grand bruit s'était mis à couvrir tous les autres bruits de l'atelier comme si quelqu'un avait allumé un énorme réacteur dans la pièce. On s'était tournés vers le poêle devenu rouge vif jusqu'en haut du tuyau. Les flammes léchaient déjà la charpente. Des cris, des jurons, des gestes incontrôlés, on était tous sortis pour voir des flammes et une grosse fumée noire s'élever du toit. Mr Dubezy appelé à la rescousse avec son tuyau d'arrosage avait eu raison du feu avant l'arrivée des pompiers. Il n'y avait pas eu trop de dégâts et le jour même, après réparation du toit, on avait continué à se chauffer, mais mollo.

Cette année-là on avait vendu 260 guitares, 30% de plus qu'en 84, dont presqu'une cinquantaine à l'export, essentiellement en Suisse, Belgique et Autriche. C'était d'ailleurs le distributeur suisse, Transit Music à Lausanne, qui nous avait commandé une basse pour Cliff Williams, le bassiste d'ACDC, une VB2 rouge, sapelli pommelé. Plusieurs années plus tard on l'avait vu en vidéo sur scène avec cette basse lors des concerts d'ACDC à Rio, en 85. C'était génial.

Nous étions globalement satisfaits de tous ces résultats, mais en termes de bilan comptable, si nous n'avions pas obtenu comme chaque année depuis notre démarrage une ou deux aides, nous aurions été déficitaires. Je m'étais préoccupé de ce problème de financement dès la création. Je montais des dossiers d'aide à l'export auprès du conseil Régional, d'aide à la formation à la Chambre des Métiers, à l'innovation auprès de l'Anvar, aux Métiers d'art, à la Culture. Dani tapait des lettres et postait des dossiers. J'avais toujours des demandes en cours, et même si c'était long et ne représentait que de petits montants, chaque année il nous tombait quelque chose, et c'était vital pour l'équilibre des comptes.

On se donnait les moyens de continuer cette entreprise, chacun de nous à sa façon, selon ses capacités, et à fond. On aimait ça. Le moral était bon, on était jeunes, infatigables, et on croquait cette existence excitante sans compter.

# 1986 Markus, Bruno, Memoson, Axa, Marathon.

L'attachement de Michel pour John Lennon était au moins aussi fort que celui que je portais à Bob Dylan, et je n'étais pas étonné qu'il ait appelé son second fils, John. Dani avait annoncé qu'elle ne reprendrait pas son job après la naissance, car elle souhaitait passer plus de temps avec John qu'elle ne l'avait fait avec Damien. Michel aurait voulu que Dani continue à bosser et on en avait même débattu ensemble, lors d'un repas chez nous dans notre nouvelle maison, comme me le rappelait Dani, un jour que je l'avais appelée au téléphone. Mais Dani avait tenu bon et c'était Mariane, ma sœur, qui l'avait remplacée chez LAG. Mariane travaillait depuis des années chez Intérim 2000, une agence à deux pas de la rue Laganne, et elle avait sauté sur l'occasion de changer d'environnement pour quelque chose de plus jeune et de plus rock. Elle avait vingt-neuf ans.

A Francfort, en février, on avait revu nos différents clients export avec plaisir. C'était la première fois qu'on rencontrait Georges Linares, un grand brun aux yeux charbonneux, très sympathique, membre de l'équipe Transit Music, notre distributeur en Suisse, et qui s'était présenté comme l'un des organisateurs du Paleo Festival de Nyon.

– C'est toi qui as fait le deal avec Cliff Williams d'ACDC, alors, je lui demande ?

– Ben oui, on les avait invités à passer au magasin, à Nyon, et il avait craqué sur la basse LAG ! Mais il voulait des mensurations spéciales au niveau du manche et c'est pour ça qu'on vous avait passé la commande.


Un peu plus tard sur le stand un jeune allemand m'avait demandé d'essayer une guitare et depuis cet instant, je ne cessais de le regarder, totalement captivé par son jeu et son allure.

– Michel t'as vu le jeune, là, qui essaye la Star vibrato ?

– Oui, il est déjà passé il n'y a pas une heure, tu as vu comment il joue ?

– Mais oui je le vois ! Ça fait très mal, il est génial ce môme !

Je m'étais posté près de l'ampli et avais monté le son discrètement afin de faire rappliquer le chaland. Il semblait avoir dix-huit ans à peine, un visage pâle avec de longs cheveux blonds et raides couleur de paille, en jean et tee shirt moulant, il jouait de façon virtuose avec un grand calme et une présence impressionnante. De nombreuses personnes s'étaient massées autour du stand pour l'écouter. Quand il avait reposé la guitare on avait engagé la conversation et il nous avait dit s'appeler Markus Wittmann et venir de Schwangau, un patelin pas loin de Francfort. Il était timide, faisait partie d'un groupe nommé Armagideon et il nous avait présenté son pote bassiste qui l'accompagnait.

Nous avions évoqué la possibilité qu'il fasse des démos pour nous sur le stand l'année suivante. Il était d'accord.

On était super contents de l'avoir rencontré, il jouait divinement bien et un démonstrateur nous paraissait, au stade où nous en étions, carrément nécessaire. We keep in touch Markus ! See you !

Notre petit dépliant « La rage de plaire » n'était plus d'actualité. Neyret avait fait réaliser une feuille recto en couleur, avec les différents modèles de guitares regroupés en famille, et on avait fait des textes en anglais pour l'utiliser à l'export. Look !

On distribuait ça. C'était un après midi, un des derniers jours du salon, j'avais vu arriver un jeune mec brun, souriant, avec une belle fille au bras, et ils avançaient un peu comme à la fête foraine, jetant des regards amusés sur les stands à droite à gauche. Ils s'étaient arrêtés un moment, lui regardait nos guitares, et elle regardait ailleurs avec une expression ennuyée.

– Vous êtes français, il me fait en souriant ?

– Oui, on est de Toulouse, je réponds, dans le sud de la France. Et toi ? Tu es français, fais-je, en exprimant ma surprise par une mimique interrogative en direction de son badge de revendeur allemand ?

– Ouais, je suis français, savoyard ! Je me suis retrouvé en Allemagne pour le service militaire et puis, c'est un petit peu compliqué à expliquer mais j'y suis resté. Je vis à Konztanz.

– Je connais, je fais, j'y suis passé, le lac, les cygnes, c'est beau.

– Ouais, c'est une belle ville, c'est riche, on est à côté de la Suisse, je bosse dans un gros magasin de musique.

Il m'avait tendu sa carte « Rockshop Musik Ebert, Konztanz ». On n'avait toujours personne en Allemagne, j'avais vraiment envie qu'il nous passe commande, et en même temps, j'avais le pressentiment que ça allait se faire, que ce type était différent des autres, et qu'il nous cherchait comme nous le cherchions. Un étrange sentiment.

– Moi c'est Fred, je te présente Michel Chavarria, et toi c'est ?

– Bruno, Bruno Bianchi.

Il avait commandé cinq guitares. Je lui avais fait le prix revendeur français, avec un petit discount. J'avais bien fait de démarrer un dossier APS Coface, car notre développement à l'export semblait se confirmer.

Une semaine après notre retour de Francfort, le téléphone avait sonné. Bruno ?

– J'ai tout vendu, hé hé ! Il m'en faut cinq autres !

Il avait commandé par cinq ou six, deux ou trois fois et après il avait commandé par dix, car il commençait à proposer les LAG à des vendeurs d'autres magasins qu'il connaissait, en prenant juste une commission. Je l'avais au téléphone chaque semaine.

C'était un tchatcheur et avec moi, en plus, il pouvait parler français. Je sentais qu'il s'investissait, je l'aimais bien et j'aimais surtout ses belles commandes, réglées rubis sur l'ongle par le magasin Musik Ebert.

A Moulis, la vie suivait son cours dans le bruit des machines, la sciure, la poussière et sous le soleil toulousain qui embellissait les choses : la cour que nous traversions cent fois par jour, les arbres, les haies et les rosiers autour de la maison des Dubezy, les Jaguars stationnées le long du garage. Des odeurs de vernis, de diluant, de pâte à polir flottaient dans l'air et des nuées de moineaux gazouillaient perchés sur les façades ensoleillées. L'atelier était plein de corps de guitares empilés sur des chariots et de manches alignés sur des dessertes à différents stades de fabrication. Ça sentait le bois. Le parfum poivré du palissandre se diffusait dans l'atelier avec parfois une petite pointe de brûlé quand on passait les touches à la « delaruelle » et qu'on sciait d'un coup 24 rainures dans le bois. Je me partageais entre les activités de bureau et la production, comme Michel, mais il faisait plus d'atelier que moi. J'alternais mon travail de bureau avec des séances de ponçage et de polissage et je m'étais retrouvé avec une autre tâche, celle de nettoyer et emballer les guitares, puis facturer et expédier.

Tout ce qu'on faisait, les uns les autres, était très physique, on était tout le temps debout. Quand on avait fini de poncer un corps verni avec du 600 puis du 1000, il avait un aspect satiné opaque et lisse très doux sous les doigts. On le badigeonnait alors de pâte à polir couleur lie de vin et on le polissait sous tous ses angles et sur toutes ses surfaces en l'appliquant contre des disques de flanelle serrés qui tournaient rapidement, mais pas trop, pour ne pas brûler. Debout devant le touret, il fallait maintenir le corps de guitare contre le rouleau de flanelle qui tournait et entrainait la pièce inexorablement vers le bas. C'était fatigant et on était constellé de gouttelettes de pâte à polir qui démangeaient sur le visage, mais c'était intéressant. Sous l'effet du polissage, la couleur, la transparence et la profondeur du vernis apparaissaient enfin. Il fallait regarder souvent si on avait assez poli l'endroit sur lequel on travaillait et si toutes les traces laissées par l'abrasif du ponçage avaient disparu, en particulier sur les surfaces autour des perces micro et vibrato. Les chants étaient plus faciles car plus étroits et arrondis, ils brillaient facilement.

Les intérieurs des cornes demandaient une attention particulière, car on pouvait facilement se faire entraîner la guitare par les disques et alors, là, patatras ! La guitare échappait des mains et venait s'éclater aux pieds du touret. Quand cela arrivait il fallait décaper, revernir, recommencer tout le cycle, et la guitare prenait une semaine de retard. Le plus souvent c'était un instrument urgent qu'on avait promis de livrer à une date précise et qu'attendait le client ! Absolument tout ce que l'on faisait avait des conséquences. On était responsable de tout, et on le mesurait cruellement parfois. Tous ceux qui avaient bossé au polissage avaient un jour lâché au moins une fois un corps ou un manche, même Michel, il suffisait d'une fraction de seconde d'inattention.

On amenait les corps et les manches à François qui assemblait l'instrument, montait les mécaniques, câblait l'électronique, les micros, installait les cordes, ajustait le sillet, réglait la hauteur du chevalet ou du vibrato, accordait la guitare, la jouait puis la posait terminée dans un chariot aménagé où les guitares étaient debout, de côté, séparées par de petites cloisons moquettées. Je les prenais alors, les nettoyais des traces de doigt, les lustrais et les glissais dans un sac en polypropylène avant de les caler dans un carton type caisse américaine, avec fond et couvercle double cannelure. Je notais la référence du modèle sur le carton et fermais le tout avec du scotch d'emballage. Je faisais la facture et appelais le transporteur.

Nous achetions les cartons à la Caisserie de l'Armagnac à Condom, une petite boite du Gers qui nous avait fait les meilleurs tarifs. On livrait entre trente et trente-cinq guitares par mois, la majorité partait chez SMI, à Villeurbanne, le reste était de l'export. C'était un joli score pour six personnes et on était, à coup sûr très efficaces, mais un rien pouvait faire s'écrouler toute la chaine de production.

Pour essayer de gagner encore un peu en productivité, Paul s'était enfin attaqué à la mise en route du tour à copier. Malgré ses efforts, le résultat n'était pas probant. Et puis surtout il tournait à une telle vitesse, il faisait un tel son de fraise de dentiste géante, qu'on n'avait qu'une peur, c'était qu'une fraise se détache et ne vienne nous scalper direct.

Les quatre têtes coupantes grignotaient le bois à grande vitesse en se déplaçant le long de quatre manches. Les têtes suivaient le profil qu'un palpeur déterminait en se déplaçant le long d'un manche témoin. Malgré tous les efforts, tous les essais, les manches vibraient sous l'action des lames et sortis du tour ils comportaient des séries de vaguelettes très serrées, comme une tôle ondulée, très difficiles à enlever au ponçage. C'était plus long qu'en les passant à la toupie et on avait abandonné le procédé. Le tour faisait peur à tout le monde et il était à vendre.

Est-ce-que Paul l'avait vécu comme un échec personnel ? En tous cas il donnait des signes de fatigue. Il était triste et taciturne et s'activait dans sa blouse d'atelier, la bouche serrée, sans regarder autour de lui. Quand il parlait c'était pour signaler des difficultés, des craintes. On le voyait de plus en plus comme un pessimiste revendiqué. Lorsqu'on lui disait que les manches qu'il faisait étaient vraiment réussis, ou lorsqu'on disait qu'on était contents parce qu'on avait livré une quinzaine de guitares à SMI, il répondait :

– Oui, mais le problème c'est que …

*J'étais allé le voir chez lui, du côté de Lauzerte dans le Tarn et Garonne lorsque j'écrivais ce bouquin. J'avais pris la route de Moissac, passé le pont Napoléon, et admiré la vue superbe sur les eaux miroitantes du Tarn à cet endroit. J'avais grimpé dans les collines et après quelques kilomètres, alors que je* m'engageais dans un chemin de terre bordé de petits chênes dénudés j'avais senti une incroyable odeur d'humus à l'intérieur du véhicule et j'avais eu une pensée pour Paul qui avait toujours aimé le bois. Il devait être bien ici.

Puis le chemin avait débouché sur une vaste clairière avec en son centre une maison basse faite de bois, de verre et de pisé. Elle faisait face à un grand vallon avec des près en pente menant à des taillis et à un petit lac au fond sur la gauche où nageaient des canards sauvages. Le versant opposé à la maison était garni de bois sombres et inextricables qui remontaient jusqu'à la ligne de crête éblouissante de lumière.

– C'est un endroit magnifique, Paulo ! Tu es en pleine nature !

Paul m'avait accueilli chaleureusement. Il était bronzé, impeccablement rasé et n'avait pas un poil sur le caillou. Avec ses petites lunettes cerclées de métal, il me faisait penser à un moine tibétain dans sa retraite, loin du monde. Je m'en étais amusé mais ne le lui avais pas dit.

Comme Patrick, après quelques questions il était intarissable sur le sujet. On s'était installés dehors au soleil pour pouvoir fumer et discuter tranquillement malgré la fraicheur de l'air en ce mois de janvier. Il me parlait de Michel, de François.

– Bon moi, j'avais joué déjà dans un groupe avec Lucien Cremades, tu sais, que tu as connu au temps des

*Gold, et Michel c'était après, avec Madrigal, et c'est comme ça aussi que j'ai connu « Tijou », François !*

*– Mais François n'était pas guitariste dans Madrigal !?*

*– Non, il nous sonorisait en concert. Et figure-toi qu'à la fin, au dernier morceau, il laissait la table bien réglée, tu vois, et il montait sur scène avec nous, et on jouait un truc où il pouvait « chorusser » à fond !*

*– Je vois, oui, très bien !*

*– Oui, et puis il avait aussi enregistré l'album de Madrigal. A l'époque il n'y avait que deux studios à Toulouse, Condorcet, et Tangara, le studio de François. Il bossait pas mal, il avait enregistré plein de gueules.*

*– Oui il m'a raconté ça un jour, mais je ne me souviens que de Art Zoïd, des belges je crois, qui étaient venus exprès chez lui, et du groupe Etron fou Le loup Blanc, parce que c'était un trio déjanté que j'avais vu dans un festival et que j'avais adoré. Le bassiste chantait et jouait en rythmique au médiator, avec un batteur et un sax !*

*– C'était une autre époque, c'était pas bling-bling ! Je t'avais raconté quand j'étais allé voir ZZ Top ?*

*– C'était quand ça, déjà ? 85 ? Je me souviens oui que c'était toi qui y étais allé. Tu leur avais même amené la LAG verte métallisée, manche collé, avec un seul micro. Elle était belle cette guitare.*

*– Oui celle-là, mais le soir du concert, c'était impossible de les voir et le manager m'avait dit qu'ils étaient à l'hôtel et qu'il appellerait le lendemain. Je lui*

*avais laissé ma carte de visite. Je les avais retrouvés à l'hôtel et franchement j'avais été déçu ! Le Billy, il était affalé sur le divan, les pieds sur la table basse, il ressemblait à un SDF ! Je t'assure ! Je voyais ses santiags et les semelles trouées ! Trouées, mon vieux ! Les deux ! On aurait dit les bottes des Daltons ! Et je me disais, mais ils ont pas les ronds pour s'acheter des godasses !*

 

   – *Ah ! Ouais ?*

   – *Oui, alors Billy il a fait quelques notes, pas longtemps, ils ont discuté avec Dusty le bassiste et il m'a rendu la guitare en me disant qu'il cherchait des guitares russes.*

   – *Ah bon ? Russes ?*

   – *Oui c'est comme ça que ça s'est fini. Mais je le comprends, on ne faisait pas des guitares pour eux à l'époque, c'est pour ça aussi que j'étais parti fin 86. Bon, on avait fait une basse pour Patitucci quand même, mais Michel faisait des guitares pour tout le monde, moi j'aurais voulu faire des guitares pour les meilleurs. Je n'étais pas satisfait des guitares qu'on fabriquait. Je le disais, pour moi elles manquaient de bas medium, mais personne ne m'écoutait.*

   – *Mais si, on l'avait entendue ta critique sur le bas-medium. On cherchait nous aussi à augmenter la proportion de guitares qui sonnaient vraiment bien, mais s'il avait fallu ne vendre que des guitares exceptionnelles on n'aurait jamais pu en vivre ! On avait une majorité de guitares de qualité très correcte et quelques-unes étaient au-dessus du lot, chez tous les fabricants c'est comme ça.*

*– Il n'y avait pas que ça, en fait j'en avais marre. Je détestais cette colle d'os, il fallait speeder au collage parce qu'elle refroidissait toujours trop vite. Et puis les conditions de sécurité ! Tu te rappelles quand la fraise de la défonceuse s'était pétée à la base et avait tapé dans le mur à côté de François ? Et Claude, le frère de Patrick, qui nous avait fait un fer pour la toupie qui était pas du tout équilibré ! Et le tour à copier, un engin de mort !*

*Celui-là, Paulo, tu l'avais voulu !*

Peut-être que Paul ne se retrouvait plus dans cette boîte de guitares qui à présent faisait un peu de sous-traitance pour les batteries de Peter, du vernis pour les accordéons Maugein, voulait ouvrir un département Innov'art, et se lançait dans la réalisation et la vente de cassettes de sons pour DX7 !

Mais Michel et moi on s'y retrouvait. Moi parce que j'avais un peu la religion du chiffre d'affaires et Michel parce que la nouveauté pour lui était un défi et que dans le domaine technique et musical tout l'intéressait.

Jean G nous avait un jour parlé de son projet de carte ROM contenant des sons inédits pour DX7 Yamaha. Il nous avait fait écouter des sons, c'était bluffant, vraiment excitant. Il disait qu'on pourrait fabriquer une cartouche externe qui, apporterait des sons nouveaux à la banque de sons d'origine.

– Ça existe déjà mais les sons ne sont pas terribles et il y a peu d'offre sur ce marché encore, nous disait-il. Regardez, RSF peut fournir les composants, Ercim les circuits, je m'occupe des Eprom, Micro-Midi peut faire le câblage, reste à fabriquer les boitiers, sérigraphier et commercialiser.

– C'est jouable, dit Michel, et j'étais d'accord.

J'étais enthousiasmé par ces sons magnifiques et totalement électroniques. Il y avait un côté excitant, c'était une vraie nouveauté, et là encore on mesurait à quel point le marché avait changé, était demandeur de nouvelles technologies, de nouveaux sons. Et nous, avec nos guitares ?

On savait bien à présent que personne ne nous attendait avec nos guitares, aussi assumait on d'avoir un pied là-dedans, dans la révolution des synthés et du MIDI, car on ne savait pas ce qui allait se passer. On voulait vivre avec notre époque. Ce n'était pas une période « vintage », les Fender étaient jugées de mauvaise qualité quant aux Gibson elles n'intéressaient personne, les prix n'avaient jamais été aussi bas. Alors oui, nous avions participé au business DX7, et à deux reprises nous avions organisé des séances d'écoute dans le bureau avec des musiciens et des gens de chez LAG. Il fallait sélectionner des sons de pianos, Steinway, Rhodes, Wurlitzer, d'orgue Hammond, des sons aux noms évocateurs comme Bass Funk, Zawinul, Vanelli, Ponty. Benoit Wideman et Bernard Mazauric des Gold avaient participé en donnant quelques sons personnels.

La cartouche LAG Memoson « Studio Sound » avait fait un joli carton, toutes proportions gardées, et relativement à la taille commerciale de notre boite. SMI l'avait mise à son catalogue et on la commercialisait aussi à l'export. Les ventes s'étaient étalées sur 86 et 87.

Jean G, infatigable, avait d'autre part élaboré le prototype d'un instrument futuriste, le LUM, qui fonctionnait sous une source lumineuse et permettait de sculpter des sons de synthé en déplaçant les mains dans les trois dimensions de l'espace sous un cône de lumière. La musique générée par le LUM était planante mais on pouvait aussi induire des rythmes par des gestes saccadés et répétés.

Le voir faire la démo, la première fois chez lui, avait été un grand moment. Dans la pièce toute noire il montait et descendait ses bras lentement sous le cône de lumière comme envouté, et produisait des sons d'un autre monde avec des expressions dignes d'un De Funès en extase. On était groupés autour de lui, silencieux dans son petit labo, et pendant un instant, j'étais tellement surpris et impressionné que je ne savais plus où j'étais. Michel avait retravaillé le design puis fabriqué quelques exemplaires qu'on avait vendus entre autres à Peter, Mader, et plus tard, à Jean Michel Jarre.

LAG, qui était apparu publiquement au salon de Francfort 1983 en compagnie de RSF, fabricant de synthés, n'arrivait pas à se détacher totalement de cet univers de musique électronique, sans doute parce qu'il était encore très dominant dans la première moitié des années 80. C'était une vraie révolution technologique qui impactait le type de musique et les instruments que les musiciens achetaient. LAG avait sans conteste une image de fabricant de guitares, mais pendant toutes ces années de démarrage, où le marché regardait plus du côté des nouvelles machines et de la programmation que du côté des guitares électriques, l'entreprise avait tout fait pour ne pas perdre pied dans cet univers-là. Et puis nous ne pensions pas courir deux lièvres à la fois en faisant d'une part des guitares et d'autre part des instruments plus innovants. On bossait dans le secteur de la musique, et plus on parlait de LAG, plus on était contents.

L'année 86 allait s'achever par une très bonne nouvelle.

Quelques mois plus tôt, un jour de printemps où j'étais passé à la Banque Populaire, Avenue Charles de Fitte, le banquier était venu me saluer :

– Bonjour Mr Garcia, vous êtes au courant de ce concours organisé par AXA ?

– Non, pas du tout.

– C'est ouvert à tous les jeunes entrepreneurs, c'est au niveau national mais c'est bien doté en prix vous savez. Tenez j'ai ici une brochure, ça s'appelle « Grand Prix de l'Initiative », ça peut vous intéresser non ?

– Mais oui, dites donc, le premier prix est de trois cent mille francs (45000 €) ! C'est pas mal ! Je crois bien que je vais m'attaquer au dossier, je lui fais en rigolant, merci !

Mais je l'avais pris sérieusement, car on avait toujours besoin d'argent et j'avais sorti le grand jeu. Renaud, Goldman, le Lum et les instruments innovants, la production, l'export, « la rage de plaire », tout, mais le dossier en lui-même était complexe. Il fallait présenter ce qu'on allait faire de l'argent si jamais on gagnait, à travers des prévisionnels sur trois ans, documentés, intéressants et bien ficelés et cela m'avait pris du temps. Mais je l'avais fait et on avait un peu oublié tout ça jusqu'à ce jour de novembre où on avait reçu, Michel et moi, une invitation à nous rendre le 2 décembre 1986 au Grand Auditorium du Palais des Congrès de Paris, Porte Maillot, où en présence d'Alain Madelin, alors ministre de l'Industrie, serait décerné le Grand Prix de l'Initiative !

On était montés sur cette immense scène pour recevoir le troisième prix et un trophée chromé, carré, traversé d'un éclair de métal doré. Plus 30.000 euros cash ! Flashs ! Applaudissements ! Cocktail !

Revenus sur terre à Moulis, le lundi matin, on avait replongé dans notre monde productif, les délais à tenir pour les fêtes, et commencé à se projeter dans la nouvelle année qui arrivait, le salon de Francfort, les nouveaux modèles et le Noël en famille ! Heureusement, notre temps était élastique. La boite fermait du 24 au soir jusqu'au 2 janvier au matin.

Nous avions vendu 350 guitares cette année-là, 35% de plus qu'en 85, et nous nous sentions poussés par un élan puissant. Comme si tous les efforts entrepris pendant ces cinq années de 82 à 86 produisaient leurs effets en même temps ! Nous avions quitté la rampe de lancement ! Nous n'étions plus en train de décoller, nous étions en vol !

Je le sentais. Des tas de problèmes s'étaient stabilisés. On avait enfin des fournisseurs fiables et réguliers, des commandes suffisantes, un mode opératoire et des modèles rodés, on avait enfin de la trésorerie, un peu d'air et de visibilité. On volait !

Au même moment, Paul, le compagnon des débuts, nous annonçait qu'il partait, qu'il en avait assez. Et ma sœur, à qui Mr Dubezy avait trouvé un poste de secrétaire dans l'agence immobilière d'un neveu en centre-ville, nous quittait elle aussi.

Après les efforts du décollage qui avaient épuisé une bonne partie de ses membres, l'entreprise devait former une nouvelle équipe capable de la maintenir en vol international et, si possible, d'accroitre les destinations, les points de vente, l'aura de la marque et les profits. Grand défi !

Mais en cette fin d'année 86 tout était déjà en préparation, et les transformations allaient s'opérer comme par magie.

En décembre j'avais reçu une demande d'emploi, émanant d'un jeune luthier de la région de Clermont Ferrand, Miguel Mediavilla. Dans son cv il expliquait qu'il avait fabriqué des guitares électriques et postulait à un emploi chez LAG. J'avais immédiatement répondu et convenu d'un rendez-vous. J'espérais qu'il pourrait prendre la place de Paul.

Il était arrivé en bagnole depuis le Massif Central. Il avait les cheveux très longs, des yeux noirs très vifs et des rouflaquettes énormes, frisées et noires, qui lui mangeaient les maxillaires. Il était de nationalité espagnole et avait amené avec lui une guitare électrique qu'il avait fabriquée. Michel l'avait jouée et auscultée sous tous les angles avant de conclure que c'était du bon travail. On avait mis cartes sur table avec lui et il avait répondu qu'il serait là début janvier. Problème réglé.

Fin décembre, j'avais rencontré Béatrice Lafage, une jeune femme d'une vingtaine d'années qui avait une formation secrétariat-compta et qui était éligible à un contrat qualification sur le poste laissé vacant par Mariane. Je le lui avais proposé et elle avait accepté.

Bruno Bianqui, rencontré au salon de Francfort, avait semé des graines tout au long de l'année. En avril ou mai, il était venu nous rendre visite à Toulouse, sans doute pour voir où il mettait les pieds avec nous, et il s'était pointé avec un gars nommé Günter Kraft, un Allemand grand et blond, tout bronzé au soleil des Baléares, taille mannequin. Günter avait sa boite, Profi Sound, et fabriquait des caissons de sono de différentes tailles, peints en noir et siglés PS en blanc, au pochoir. Comme il voyageait beaucoup en Allemagne pour les vendre, Bruno pensait lui donner les LAG à la commission comme un représentant. Ils étaient restés deux jours, on avait pu parler et faire connaissance. Et puis une autre fois, en novembre Bruno m'avait invité à passer le voir à Chambéry.

– Ouais, si tu pouvais venir me voir à Chambéry chez ma mère, je te montrerais des trucs intéressants, m'avait- il dit au téléphone d'un ton mystérieux.

– Mais quoi, lui avais-je demandé ?

Des produits, des guitares, avait-il répondu évasif. Et puis on pourra parler de Francfort et de la suite.

Comme il envoyait de bonnes commandes, que je le trouvais sympathique et qu'il donnait des signes d'implication il m'était difficile de refuser. J'avais donc décidé de faire le voyage. Au passage j'avais rendu visite à Yvan Taïeb, « monreuf », qui avait quitté Pigalle et ouvert un magasin de guitares à Cavaillon. Il avait une ou deux LAG, vendues par SMI, mais j'avais vite compris que sa situation n'était pas florissante. J'étais arrivé à Chambéry en fin de journée, dans le froid et le brouillard. La mère de Bruno vivait seule dans une maison bourgeoise ancienne, avec un grand jardin arboré. Elle était petite, souriante et nous nous étions bien entendus. Après le repas Bruno m'avait dit « viens voir ».

Dans le salon se trouvaient des cartons de guitares. Quand je les avais ouverts, j'avais trouvé des guitares ½ caisse type jazz, des électriques avec vibratos, des copies de télécaster, il y avait même de petits amplis tweed couleur Fender en 15 et 20 watts. La marque s'appelait Marathon. Je trouvais ça un peu nul comme nom, mais Bruno ne m'avait pas laissé le temps de critiquer quoi que ce soit. Il m'avait annoncé les prix d'achat et de vente et là, je dois dire que j'avais été scotché. Ces guitares pouvaient se vendre en entrée de gamme à partir de deux cents équivalents euros prix public TTC avec une bonne marge pour les revendeurs et une marge de distribution correcte. J'avais bien examiné les guitares et je les avais trouvées plutôt bien faites pour le prix.

— C'est Meinl qui fait fabriquer ça en Corée. Il en vend plein en Allemagne, j'ai réussi à avoir des tarifs export pour la France et j'ai pensé que ça vous intéresserait.

— Mais on est avec SMI man ! on ne va pas monter une structure pour vendre des Marathons ! C'est vrai que c'est intéressant, ça serait super si on pouvait vendre tout ce programme sur la France, ça nous ferait de la marge. Avec SMI ça tourne mais on ne gagne rien !

— Réfléchissez-y bien, moi je vais temporiser avec Meinl en disant que vous êtes intéressés, mais qu'il vous faut un peu de temps, je trouverai un truc.

Des guitares et des amplis en entrée de gamme, encore un nouveau sujet de réflexions. On avait tout le temps plein de choses en tête à propos de la boîte, et on en parlait entre nous. On pensait prendre les bonnes décisions.

## 1987. Le rock dans la peau, les lasers, les Gold, la distrib, Serge G.

Michel n'avait de cesse d'imaginer de nouveaux modèles et de nouvelles finitions. Un jour il m'avait dit :

– J'aimerais faire une guitare, tu vois, qui brille ou qui décompose la lumière comme un cd quand on le fait miroiter au soleil. Tu vois un cd à la lumière, ça fait comme des rayons de couleurs qui partent du trou, je verrais bien un truc comme ça, partant du bouton de volume.

Il avait son idée et savait ce qu'il cherchait. Il avait expérimenté sur deux ou trois jours et il avait trouvé un truc excellent, un système à base de masquages pour tracer sept petits rayons blancs et fins d'environ 2,5 mm entourés d'un halo bleu électrique, partant du bouton de volume. La guitare était toute noire, accessoires noirs, et cet effet laser bleu était très percutant. Michel avait décliné la finition laser en vert et en fuchsia. Ça pétait vraiment et c'était unique, personne n'avait fait ça.

Et puis, inspiré par la tête des guitares Charvel et Jackson qui arrivaient des States, importées au départ par Jacques Laborie de Toulouse, pour faire peut-être un peu la « nique » à LAG (!?), il avait dessiné une nouvelle tête pour la Rockline, une tête « banane » comme on disait alors, avec un bout ni complètement pointu ni complètement arrondi, un beau design. Nous étions très fiers de cette guitare qui était complètement dans le « trend », comme disait Bruno.

La bande son en ce début 87, pour nous, c'était les « Gold » qui cartonnaient dans tout l'hexagone depuis des mois, avec « Un peu plus près des étoiles » et « Capitaine abandonné ». Les « Gold », autrement dit des potes. Ils passaient à l'atelier, Lucien le guitariste qui avait joué avec Paul, Alain « Mini » le bassiste, Bernard le clavier, Etienne le batteur et Emile le chanteur, qui était des Mazades à Toulouse, alors que les autres étaient du Tarn. Quand les « Gold » passaient à l'atelier, c'était comme des retrouvailles de famille, on « s'otichait », on se tapait sur l'épaule, on rigolait. On était fiers de leur succès et ils étaient fiers pour nous pareillement. Toulouse se distinguait et pour eux comme pour nous, c'était normal, un juste retour des choses. On était devenus visibles, et collectivement notre génération avait du succès. Nous le pensions. Les gens qu'on rencontrait étaient des gens comme nous, musiciens, artisans, commerçants, nous avions toujours le sentiment de partager quelque chose avec eux. Nous étions en connivence avec notre environnement, pleins de confiance en nous-mêmes et en notre aventure, et on pensait qu'une majorité de gens dans la société fonctionnait comme nous.

Tout naturellement, un jour, Lucien avait craqué sur une Rockline Laser bleu.

On l'avait pris en photo, en studio, pour faire la couverture du nouveau catalogue. Il montrait les dents en faisant un dur bend en haut du manche, dans un flot de lumière bleue qui répondait parfaitement au laser bleu qui flashait sur la guitare.

L'accroche n'était plus « La rage de plaire » mais « le Rock dans la Peau ». Notre ami Francis Pélissou avait retravaillé le logo LAG et dessiné un manche passant au travers d'une banane, dont le bout, pelé consciencieusement, laissait apparaitre la fameuse « tête banane ». C'était warholien. La banane était jaune avec des taches noires, et les bouts pelés qui s'écartaient pour laisser passer la tête de la guitare, étaient blancs et duveteux à l'intérieur comme des vrais. C'était bien dessiné et c'était un super slogan.

Toute notre communication portait ce nouveau logo jaune et noir, cartes de visite, papier à en-tête, on avait même fait des stickers et des T-shirts « Le Rock dans la Peau ».

Clin d'œil potache de cette « banane » qui ne nous quittait pas en ce début d'année 87, la commande de deux instruments pour le groupe Sexe Dur. C'étaient des copains et des clients que l'on connaissait sous le nom de Leaders, groupe de rock et de scène, soutenu par un large public autour de Toulouse et de Montauban où ils s'étaient formés. Henri, le guitariste gaucher, et Arpa, le bassiste barbu, venaient à l'atelier, déjà, du temps de la rue Laganne. Avec des mines complotistes et réjouies, ils nous avaient expliqué qu'ils formaient un autre groupe parallèlement aux Leaders pour jouer dans des endroits différents, boîtes de nuit, Night Clubs, soirées spéciales. Ce groupe s'appellerait Sexe Dur.

– On voudrait une guitare et une basse, mais en forme de sexe en érection, tu vois, fait Henri ?

– Avec de gros glands bien turgescents, ajoute Arpa en rigolant !

On s'était marrés tous les quatre ! On avait du mal à noter les détails, à la fois techniques et esthétiques, pour pouvoir leur faire un devis.

– Et on aimerait aussi, si c'était possible, avoir une petite poire en caoutchouc au dos de la gratte qu'on pourrait presser avec le ventre, fait Arpa.

– Pour envoyer des giclées de lait sur les filles des premiers rangs, ajoute Henri, le timide !

Et on l'avait fait ! Les instruments étaient rose chair, Michel ne pouvait pas ne pas s'appliquer et le résultat était franchement énorme et cocasse. Mais on n'avait pas mis le logo LAG sur ces instruments, d'ailleurs, où le mettre !?


On bossait mais ce n'était pas triste. Pas un instant sans intérêt. Dans le camion pour Francfort, on avait fait une petite place pour le mini stand de Despiau qui exposait pour la première fois ses chevalets de violon au Musik Messe. Le camion était plein, on avait des podiums, des cloisons, un chariot, l'éclairage, les guitares, un grand logo de 2 mètres que Michel avait dessiné sur une plaque de contreplaqué puis découpé et peint en dégradé, une table, des chaises, des cartons de catalogues et de tarifs en francs et en marks. Nos sacs de fringues jetés par-dessus.

Nous avions revu les Autrichiens de Klangfarbe. Ce n'étaient pas des gros dans le métier, ils démarraient eux aussi, et c'était pour ça, sans doute, qu'on s'était rencontrés. Ils avaient créé une entreprise alternative, esprit workshop, installée à Vienne, qui offrait à la fois une surface de vente au public, un atelier de réparations, et s'efforçait de faire un travail de distribution à travers le pays. Ils nous vendaient une trentaine de guitares par an. On n'en était pas mécontents, mais on trouvait qu'ils étaient exigeants, pinailleurs et qu'ils râlaient souvent.

Michel Hammelrick était venu en famille depuis Bruxelles. Il y avait le père, avec sa grosse panse de buveur de bière, son air bonasse mais malin, qui avait lancé l'affaire, et la mère coquette, teinte en brune, qui avait toujours travaillé à ses côtés, à la maison comme dans l'entreprise, en Belgique, du temps de l'accordéon. Il y avait la femme de Michel qui ne disait rien mais regardait tout de ses grands yeux globuleux et calmes. Je lui trouvais un certain charme. Et puis il y avait Kiko, le fils, ado, blondinet, qui cherchait sa place et que tout ennuyait.

Les Suisses de Transit Music avaient commandé les nouveaux modèles, et nous avions enfin confirmé une distribution pour l'Angleterre. Capelle Distribution à Londres était une structure commerciale montée par Jacques Capelle, un fabricant français de batteries que nous avions rencontré dans des salons à Paris. Gérard

Bart gérait la boite et nous tournait autour depuis un moment. Il était français mais vivait à Londres et avait vraiment un look très anglais, des yeux bleus, cheveux mi-longs blonds et raides et un accent british quand il parlait avec nous in french. Il cherchait des produits français pour tourner avec les batteries de Jacques Capelle, et nos guitares l'intéressaient. Il avait passé commande, mais était hésitant sur les modèles et ne savait pas ce qui plairait à ses clients anglais. On sentait bien qu'on l'attirait mais il se montrait tatillon sur la qualité et ne voulait pas d'ennuis, une fois sur son île. Ce n'était pas facile de vendre des guitares électriques « made in France » en ce temps-là, en Angleterre. Vigier ne faisait pas mieux que nous, et on était bien contents d'avoir vendu cette année-là quelques guitares à la Perfide Albion, l'autre pays du Rock'n'roll.

Marc Scamps était l'ancien bras droit de SMI, notre distributeur français. C'était un homme jeune, svelte et brun, taillé comme un « torero », sans doute d'origine catalane et qui avait décidé de monter son propre business en Espagne, à Barcelone. Sa boîte s'appelait Backline. Il savait que Neyret nous vendait sur la France et il était intéressé par notre carte. Comme nous avions déjà Zubia à San Sebastian, nous nous étions donné quelques mois de réflexion pour décider qui nous distribuerait en Espagne. La foire était bien lancée.

Markus Wittmann était arrivé dès le samedi matin avec son pote le bassiste, qui le suivait comme son ombre, et une bande son faite en studio, sur laquelle il jouait ses compositions et sa démo.

Markus avait trouvé de bons riffs de guitare et faisait résonner des rythmiques crunchy qui plaisaient au public. Il passait d'un micro à l'autre pour qu'on entende bien les différences de sons entre les micros, manipulait le vibrato avec précision et n'en abusait pas, ce qui n'était pas le cas de tous les démonstrateurs. L'effet de tremolo, avec ces tous nouveaux vibratos qui ne désaccordaient pas, était un vrai régal. Le guitariste arrivait à générer des sons totalement inédits, et toute la musique de cette fin de décennie allait être marquée par ce vibrato, créé aux Etats Unis par Mr Floyd Rose, et que Eddy Van Halen avait fait découvrir à toute la planète. Jump !

Nos Rocklines, équipées de vibratos sous licence Floyd Rose achetés chez SMI, étaient en plein dans la tendance du marché. Nous n'étions pas les seuls, mais nous étions en plein dedans. Il fallait avoir un Floyd, tout le monde voulait ça sur sa guitare, et même si nous avions détecté assez vite les défauts que comportait notre vibrato japonais de marque Takehushi, il n'en fonctionnait pas moins comme un Floyd et faisait le job dans les débuts. Markus, le blondinet aux cheveux de paille et au visage juvénile impénétrable, arrivait à s'en servir de façon très honorable et se mettait au travail dès qu'il y avait un peu moins de monde sur le stand. En général, il ramenait dans ses lignes quelques poissons qui restaient là à le regarder et à l'écouter, fascinés par sa musique et son live.

Bruno passait de temps en temps, serrait les louches des clients allemands et leur balançait des trucs à l'oreille et des tapes amicales dans le dos avec de grands sourires commerciaux. Nous avions vu arriver Guy Dupont de Guitares et Claviers, et son photographe Dany, couvert d'un exéma qui faisait mal au cœur. Ce jour-là, Klaus Blasquiz, le chanteur de Magma, les accompagnait. C'était un ami de Michel et je l'appréciais beaucoup aussi. Il m'avait dit.

– Y a un super ampli de basse, anglais, qui vient de sortir, c'est à transistor, mais on dirait que c'est à tube, 100 watts. C'est tout petit, avec un cabinet en bois vernis et un 10 pouces Electro-Voice, mais ça sonne, c'est étonnant ! Vraiment c'est super tu devrais aller voir.

– Ah ! Oui ? Pourquoi pas. C'est quoi la marque ?

– Peterson, ça sonne anglais non ?

Et nous étions allés voir Pete Tulet, le créateur de Peterson, un Anglais de grande taille, la cinquantaine grisonnante, avec un grand nez et un pull en laine home made qui lui arrivait aux genoux. Il nous avait donné les prix distribution et souhaitait bien sûr qu'on le commercialise sur la France. Mais nous étions complètement coincés avec SMI, moralement et commercialement. Depuis deux ans il achetait nos produits et nous vendait des pièces détachées qu'il était seul à distribuer en France. On lui devait pour une bonne part de notre situation actuelle, mais en même temps ça nous faisait rager, car on avait des opportunités de tous côtés. On nous avait repérés, les frenchies. Les fabricants étrangers que nous fréquentions sur les salons, nous proposaient à présent leurs produits pour la France.

Cette reconnaissance commerciale, cet entregent avec des types comme Seymour Duncan ou Larry Dimarzio, nous faisait un peu tourner la tête et gonfler les chevilles malgré nous.

Que faire ? La question était lancinante. Pour moi particulièrement, qui avais œuvré deux ans plus tôt pour travailler avec SMI et qui, à présent, trouvais de plus en plus que c'était un frein à notre expansion. J'avais travaillé l'option de récupérer la distribution nationale et de nous passer de Neyret à l'occasion du dossier « Grand Prix de l'Initiative », et j'avais dans l'idée que ce serait profitable et que c'était le moment, qu'on en avait les moyens. Michel me suivait à 100%. Il nous semblait à tous les deux que récupérer la distribution nous permettrait aussi de récupérer notre image et notre capacité stratégique. On en avait très envie et c'était le meilleur moment pour le faire.

J'avais appelé Neyret. C'était un peu le genre de coup de fil auquel on pensait pendant une semaine avant de composer le numéro. Une histoire qui durait depuis plus de deux ans, ce n'était pas facile à dénoncer. On n'avait pas de contrat écrit, donc il s'attendait un jour ou l'autre à cette éventualité. Pour finir il s'était montré fair-play. Nous avions négocié une période transitoire, de façon qu'il puisse honorer les commandes prises et nous avions maintenu des lignes d'approvisionnement de pièces, de façon qu'il ne soit pas pénalisé par des achats de stocks faits à notre intention. Cela nous arrangeait aussi que la transition soit douce.

A nous à présent de monter la structure de distribution, trouver les VRP, les produits, faire la pub et vendre, vaste programme, et deuxième essai.

J'arrivais en général chez LAG avant huit heures. Il y avait beaucoup de circulation et j'écoutais les infos dans la bagnole, chose que je ne fais plus aujourd'hui. Tout ce baratin m'ennuie à présent, mais à l'époque j'aimais le fait d'être branché et moderne. Un bon autoradio équipé d'un lecteur de cassettes était un accessoire apprécié et couteux. On voulait une bonne marque. On les achetait en général d'occasion, à des potes, et on les installait nous-mêmes.

Michel était déjà dans la cabine ou au ponçage, une clope au bec ou fumant dans le cendrier. Il fumait des Craven A, et moi aussi, je m'y étais mis.

– Salut Michel, ça va ? On se serrait la main.

Il était en forme et souriant à chaque fois ou presque. S'il n'avait pas lancé le café, je le faisais et pendant que l'eau s'égouttait à travers le filtre et que les crachements de vapeur résonnaient dans l'atelier, on discutait. Très vite on parlait du travail et de la boîte et rarement de nos familles ou des problèmes qui agitaient la société. On faisait un peu une barrière là-dessus, comme pour préserver ce monde, le monde de LAG et ses fragiles équilibres.

Les gars arrivaient les uns après les autres. Domi, mal réveillé, sortait lourdement de sa voiture et avançait à pas mesurés vers nous en cherchant vainement dans sa tête une blague à deux balles à nous raconter. Il était jeune et un peu pitre. Christian rajustait ses grosses lunettes de l'index tout en nous serrant la main et balbutiait une phrase qu'il avait longuement mijotée. C'était un taiseux qui ne s'exprimait pas beaucoup et il utilisait parfois ce moment du matin pour nous parler. Miguel arrivait à huit heures pile, œil noir et rouflaquettes au vent et se dirigeait directement vers son poste après nous avoir serré la main. A midi pile, il rentrait chez lui manger en famille. Jacques faisait un peu bohême. Il jouait des claviers et était toujours prêt, quel que soit le taf, et même s'il avait très peu dormi. François garait sa 504 coupé face à son local et venait nous voir, le paquet de Gitanes à la main, prêt à dégainer une clope qu'il allumait en buvant son café. Lui aussi était présent en toutes circonstances, qu'il ait dormi ou pas, qu'il ait de la fièvre ou pas. Béatrice arrivait sur son Chappy bleu métallisé en faisant crépiter le gravier. Elle enlevait son casque et venait saluer tout le monde avant d'aller au bureau et d'allumer l'ordinateur, acheté essentiellement pour elle pour la compta. C'était un IBM sous MS Dos, avec un écran énorme, comme un téléviseur, qui s'éclairait en vert une fois allumé. Pour tout le reste, lettres factures, on se servait d'une machine à écrire électrique, avec papiers à en-tête LAG et des carbones. C'était artisanal mais ça fonctionnait très bien.

Avisant près du touret à polir un chariot sur lequel étaient rangés des manches et des caisses de Rockline laser tout juste finis de polissage, j'avais dit à Michel :

– Je vais amener ces guitares à François.

– Ouais, dis-lui qu'il y en a d'autres qui arrivent.

– Je vais voir où il en est.

Le chariot cahotait sur les graviers de la cour. En sortant par la porte en bois vitrée sous le soleil j'avais respiré un grand coup. Ça me plaisait vraiment ce que je faisais là.

Jean Christophe, à l'entrée de sa brocante, déchargeait des meubles de son break Mercedes et il m'était revenu en mémoire comment on avait réagi quand il avait acheté cette voiture. On trouvait qu'il paradait avec cette Mercedes qu'il s'était payée après sa première année d'activité seulement, alors que nous on ramait pour se faire un SMIC, et du coup on l'avait assailli de :

– Ouah ! Jean Phi, qu'est-ce qu'elle est belle cette Merco, ça se fête !

– Ah ! oui ! Là t'es o-bli-gé de faire péter le champagne !

– Ça s'arrose, man !

On l'avait tellement harcelé qu'il avait fini par céder. Il avait payé le champagne et on avait bu à son succès et au nôtre. Cinq ans plus tard, pour nous, ça allait mieux mais on n'avait toujours pas acheté de Mercedes !

Nous, on tenait le coup parce qu'on aimait les guitares qu'on fabriquait. On était tous d'accord là-dessus. On s'était tous exprimés sur les évolutions des modèles, les finitions, et même si le design était essentiellement « chavarriesque » tout le monde aimait ces guitares, personne n'aurait supporté que le moindre petit détail soit moche. D'ailleurs il y avait eu un débat acharné impliquant tout le personnel lorsqu'on avait parlé de modifier le corps de la Rockline. Il y avait de quoi ! La question était ni plus ni moins de savoir si on allait supprimer la « bistouquette » de la Rockline, ou la conserver !

— Mais les mecs vous ne vous rendez pas compte ! Cette couette-là, cette virgule, cette queue de canard, c'est l'image de LAG ! Paul s'était lancé dans une tirade digne de Cyrano, lui il était pour qu'on garde la « queue ».

— Non, pas d'accord, on en a un peu soupé de la queue de canard ! Une fois à gauche, une fois à droite, tu crois que le client le remarque ? Faut se renouveler ! Avec toi rien ne bougerait jamais !

Les révolutionnaires avaient gagné. La nouvelle Rockline était plus fluide, plus efficace et on avait vite oublié la « bistouquette », renvoyée à un lointain passé. Les clients avaient plébiscité ce modèle. C'était le gros de nos ventes.

J'entrais chez François où ça sentait un peu la Gitane, le fer à souder, l'ampli allumé et les vieux étuis de guitare.

— Je t'amène du travail man. T'as besoin de Jacques ?

– Oui, mais cette aprèm seulement. Je lui ferai faire des pré montages d'électroniques, il est bon pour ça.

Le montage était une phase réclamant une grande expertise. Tous les alignements de cordes, manches, plots de micros, devaient être parfaits. François était passé maître dans l'art de combiner corps, manches et accessoires pour en faire une guitare. Parfois, ça allait tout seul et d'autres fois c'était bataille pour aligner la belle et, dans la mesure du possible, lui donner une âme. On ne réussit pas tous ses enfants de façon identique. Il lui était bien passé un millier de guitares LAG entre les mains à présent !

Le travail augmentait chaque jour pour nous tous. Je remplissais mon agenda d'une écriture serrée, au stylo noir, et quand c'était fait, je barrais.

Un jour au printemps Serge G avait déboulé. Il avait un magasin de musique à Toulouse et une image de jeune trublion qui dérangeait les revendeurs plus installés. Il ne nous achetait pas de guitares et donnait à cela des tas de raisons, qui n'en étaient pas. Nous savions qu'il vendait des Fender et des Gibson et nous n'étions pas dupes de l'ignorance dans laquelle il tenait notre marque. Il voulait à présent nous rencontrer et il avait fini par nous dire qu'il avait envie de faire fabriquer des guitares. C'était de ça qu'il était venu parler.

– Des strats, des télés, des jazz bass. Trois modèles.

On se regardait, le silence régnait dans le bureau, on était surpris.

— Minimum six au modèle, je fais.

— Oui mais à quel prix ça va sortir ?

— Ça il faut voir. On va calculer, on t'enverra un devis

— Eh ! Pas trop cher, eh !


On s'était retrouvés avec Michel et François pour parler de cette visite.

— Faut le faire ou pas ? j'énonçais pour lancer le débat.

— Ça me gonfle parce que ce serait plus simple s'il prenait des LAG.

— Oui, mais il n'en veut pas des LAG, il dit que ça se vend pas, qu'il a peur qu'on vende en direct, il dit qu'il vendra mieux des strats et des télés.

— De toute façon Serge, il a le bagout et s'il a un truc qu'il veut vendre il le vendra, et nous ça nous fera des guitares en plus. On peut le voir comme ça aussi.

— Ce qui fait un peu problème, c'est que lui n'a jamais voulu travailler pour nous, mais il veut que, nous, on travaille pour lui.

— Vu comme ça, alors, faut pas le faire !

— Moi je pense que si on refuse, il va le faire quand même et on va l'avoir contre nous d'une certaine façon. Tant que c'est nous qui fabriquons, nous en profitons d'une certaine façon, et notre métier c'est de fabriquer des guitares, non ? Ça peut nous faire cinquante guitares ou plus à l'année. Alors ?

On avait dit oui, et indirectement on avait aidé Serge à créer sa marque.

Mais il l'aurait faite sans nous, et la suite de sa vie l'avait démontré. Serge avait démarré par la vente de détail au moment où le marché était particulièrement favorable. Il avait gagné de l'argent, mais ce qu'il avait toujours voulu, au fond, c'était avoir sa marque, faire fabriquer ses produits. Il ne voulait pas dépendre des distributeurs ni de personne et raisonnait tout le temps en maximisateur de profit quitte à se lancer dans d'incroyables aventures et susciter de nombreuses inimitiés.

Nous nous étions rencontrés à Shangaï en 2013 lors d'un salon, et il m'avait raconté avec force détails sur les conditions de travail, comment il avait été le premier français à faire fabriquer en Chine, bien avant les autres distributeurs nationaux. Sa réussite n'avait pas été totale dans ce domaine car ses différentes marques étaient restées confidentielles, et il avait aussi connu de gros problèmes de qualité à l'arrivée de certains conteneurs.

Un jour, au début de notre collaboration, il nous avait raconté comment il avait eu l'idée de sa marque et comment il avait trouvé le nom. Il m'avait demandé :

   –   Tu connais les guitares St Blues ?

Oui, ce sont des guitares américaines, strats et télés un peu relookées. Ça commence à être connu par ici, le distributeur fait bien son travail.

– Et tu connais les guitares Valley Art ?

– Oui, c'est fait en Californie, ce sont aussi des sortes de super Fender de luxe, et alors ?

– Moi je vais appeler ma marque « Valley Blues », tu vois un mélange des deux ! Ah ! Ah !

– T'a pas peur de la confusion ? Ou alors tu le fais exprès !?

– Eh ! Le « blues de la vallée » c'est pas mal, non ? il faisait en rigolant, tout fier de sa trouvaille.

Notre discrète sous-traitance pour Serge avait pris fin au bout d'un an et demi sans trop d'explications. Il ne nous passait plus de commandes. Très rapidement nous avions appris qu'il avait monté une petite structure de production à la campagne, et ultime félonie, qu'un de nos employés, Jean Philippe, qui venait de nous quitter pour d'obscures raisons, l'avait rejoint ! Nous n'avions pas été trop amers devant un tel manque de fair play, mais quand même, comme le corbeau de la fable, nous avions juré qu'on ne nous y reprendrait plus.

On fabriquait et vendait toujours plus de guitares. On avait fait la connaissance de Jean M'ba le guitariste de Guesch Patti, car il vivait en Ariège et venait souvent à Toulouse. C'était un type adorable au jeu de guitare très stylé. Il avait toujours de belles fringues et s'était fait fabriquer par nous une belle guitare vintage rouge, esprit Gibson, à manche collé, accessoires dorés, qui lui allait parfaitement sur scène. On le voyait souvent à la télé quand Guesch passait chanter « Etienne ». Puis nous avions perdu sa trace.

Dans notre bureau nous avions un agrandissement d'une photo de Jean avec Guesch Patti en rouge et bleu qui était magique, on aurait dit qu'ils dansaient tous les deux enlacés.

Nos baraquements en mode western montraient leurs faiblesses quand les températures étaient trop extrêmes. Michel, l'été, devait venir vers six heures, le matin, pour passer les vernis et le fond dur, sinon il faisait trop chaud. Et l'hiver il fallait laisser la cabine chauffer pendant des heures avant de pouvoir appliquer le vernis, sinon les solvants ne se dissipaient pas, on avait des problèmes, mauvaise adhérence, petits trous, auréoles, ça se ponçait mal.

Il fallait toujours interpréter la posologie pour obtenir un bon résultat et ceux qui travaillaient aux vernis étaient de vrais sorciers. Mais au bois ce n'était pas plus facile. Même passé au séchoir, il fallait anticiper tout mouvement de rétraction ou de dilatation des pièces de bois, en fonction de l'hygrométrie du local. Par exemple on laissait pendant un jour ou deux les touches de palissandre posées sur les blocs d'érable qui deviendraient les manches, pour que les deux éléments s'équilibrent et se marient bien ensuite au collage. Tout était compliqué mais nous obtenions, malgré tout, de bons résultats dans des conditions très difficiles. Du coup nous parlions parfois de la nécessité de changer de local et nous cherchions sans trop chercher. On n'avait pas le temps.

Nous disions à Mr Dubézy, le propriétaire, que nous avions des problèmes, pas assez de place alors il répondait :

— Je vais vous le faire, moi, le local. Laissez-moi un peu de temps, je vous le ferai, oui. Tiens, Fredo, juste une minute, tu veux bien me donner la main ?
Et je partais l'aider à tenir une échelle, ou à soutenir un bout de bois, pendant qu'il le sciait.

Nous devions constituer notre équipe commerciale avant le traditionnel salon de Paris de septembre à la Villette et ce n'était pas chose facile. Le milieu de la musique était petit et à part des structures de distribution comme SMI, TIP, Gaffarel ou Socaro, qui avaient des représentants exclusifs, la plupart des boîtes utilisaient des multi cartes pour visiter les deux à trois mille magasins de musique qui avaient poussé en France ces dernières années.

Pour les trouver c'était un peu le bouche à oreille, mais entre ceux qui avaient déjà trop de cartes, ceux qui faisaient plutôt le piano ou les cuivres, nous n'avions pas beaucoup de choix.

Pour Paris et la région parisienne, nous avions trouvé Joel Derobert. Il n'avait pas la particule mais un petit côté précieux et habitait la vallée de Chevreuse. Il était blond avec des yeux bleus, portait la chevalière et des costards infroissables. Sa plus grosse carte était une marque italienne de claviers électroniques et de synthés, il n'avait pas de guitares et il voulait les LAG absolument, nous promettant de faire un carton à Paris.

On n'était pas enthousiasmés. Il n'était pas très rock, mais on n'avait personne d'autre.

Pour le nord et l'est on avait José Burgos, un portugais. Lui non plus ne jouait pas de la guitare. C'était un gouailleur, gros fumeur, qui colportait des blagues de représentant de boutique en boutique, d'une voix cassée, et après s'être tapé quelques whiskies avec le boss, disait :

– Bon, alors, qu'est-ce que tu me prends aujourd'hui mon Pépère !?

C'était comme cela qu'ils vendaient, à l'affectif et à l'usure. Joël et José étaient plus âgés que nous et connaissaient le métier, les embrouilles, les mauvais payeurs, et à leur niveau, avec tous leurs clients, ils avaient fait le taf.

Dans l'ouest on avait Gérald Crochu. Lui, alors, il était « old style » ! Il fournissait les petits magasins généralistes en guitares classiques, flûtes à bec et autres marimbas et tambourins et travaillait comme un représentant médical.

Il lui fallait toujours des photos et de la documentation pour les dossiers produits qu'il présentait aux clients lors de ses rendez-vous. Il ne vendait presque rien mais on n'avait trouvé personne d'autre.

Au sud on avait Claude Fouquet dit « La Fouque ». Il avait décidé de quitter SMI et de tenter sa chance comme commercial multi carte. Il nous avait rapidement contactés et on l'avait engagé. Il était jeune et enthousiaste, enflammé et hâbleur, bon vivant, bon vendeur, un véritable Mousquetaire ! Il aimait la musique country et portait des chemises de cow-boy et des bottes. Quand il parlait des guitares accrochées aux murs dans les magasins, il disait, « les jambons » !

Cette fine équipe, encadrée par Béatrice au niveau administratif, et moi pour la direction commerciale, s'était vu confier la vente des guitares LAG, de la gamme Marathon et des fameux amplis de basse anglais Peterson.

Retrouver la halle de La Villette, la fontaine aux lions, les cafés et restaus du quartier était toujours un moment de plaisir, mais les salons à Paris étaient toujours différents. Le stand n'était jamais au même endroit, on découvrait d'autres voisins. On faisait sans arrêt des rencontres, les allées étaient pleines de monde, les patrons de magasins de province, avec femme et vendeurs, ne rataient pas ce rendez-vous annuel de la profession. L'occasion tant attendue de monter à la capitale, de voir et d'être vu, de faire des affaires et de taquiner le rêve fou de s'encanailler !

Là, c'était l'équipe de « Music Limoges » avec Denis le vendeur, très sympa, qui faisait le pitre, et là, plus sérieux les vendeurs du «Musicien » à Orléans. Là, Scotto Musique Marseille, « Le Cactus » à Bordeaux. C'était là, dans ces salons, que j'avais commencé à associer le nom d'un magasin à sa ville. Les multiples tournées et les années passées à prendre des commandes au téléphone, n'avaient fait que renforcer ce phénomène, au point qu'aujourd'hui encore, il suffisait de me citer une ville en France, pour que le nom d'un magasin de musique me revienne en mémoire. Mulhouse ? « Aux guitares » !

Joce était commerciale chez Guitares et Claviers et nous avait démarchés pour la pub. Elle était blonde et vêtue exclusivement de rose. Elle était très sympathique et persuasive, mais je trouvais que les tarifs étaient un peu chers. Elle ne s'énervait pas, m'expliquait des tas de choses très calmement, faisait un petit geste commercial, et me mettait le bon de commande sous le nez. De toutes façons, nous devions faire de la pub. Joce faisait bien son travail et savait entretenir la relation sur le long terme. Entre les bancs d'essai, les pubs et les interviews, les reportages lors des salons de Paris ou de Frankfort, nous avions une bonne visibilité dans la presse, la marque était connue et reconnue.

Guitares et Claviers, DISC, Sono, Music Pro, parlaient de LAG et de VIGIER, les deux marques françaises les plus en vue. La presse et avec elle certains magasins, ne pouvaient s'empêcher de créer une rivalité entre nous, une compétition sur le mode PSG-OM. Cela restait bon enfant, mais on trouvait que cela nous enfermait dans un face à face national qui n'avait qu'une réalité relative. On ne se souciait pas de ce que faisait Vigier et lui non plus d'ailleurs. On traçait notre route en regardant partout autour de nous, en essayant de piger les tendances, de faire des choses nouvelles et de progresser.

Sur le stand, on recevait des tas de visites, Guy Dupont, Dany Georgetti, Alain Versini, les incontournables de la presse musicale, mais aussi des gens qui voulaient nous présenter et nous vendre leurs produits.

C'est ainsi que nous avions fait la connaissance de Jean Pierre Lesourd, qui avait monté sa boite PROTO dans les Landes.

Jean Pierre était un gaillard costaud un peu rouquin qui fabriquait des flight cases, ces étuis pour guitares ou claviers, solides et résistants, qui pouvaient être embarqués dans la soute des avions. Il avait trouvé une matière stratifiée imitant la loupe d'orme, extrêmement esthétique et inédite jusqu'à ce jour. Cette année-là il avait fabriqué un attaché case type flight, en loupe d'orme, avec fines cornières métal et poignée cuir. Il en avait amené un bon stock sur son stand, et ça faisait de l'effet !

– Regarde un peu Michel, c'est vraiment classe !
Quand on l'ouvrait, l'intérieur apparaissait tapissé d'un revêtement imitant un cuir très fin et on découvrait des pochettes à l'intérieur du couvercle.

– J'en prends un, dit Michel
– Moi aussi, je fais.
Cette année-là, tout le monde se baladait sur le salon avec un attaché case PROTO loupe d'orme. C'était cocasse, mais personne ne regrettait son achat !

A l'usage il s'était avéré lourd, surtout quand il était chargé, mais d'une solidité à toute épreuve. Et combien de fois nous nous étions assis dessus Michel et moi en le tournant sur le petit côté ! Il était stable et offrait un siège à bonne hauteur, d'une grande élégance avec sa couleur chaude de bois verni et les éclats de métal des cornières.

Nous avions carburé jusqu'à la fin de l'année avec les retombées de ce salon. Le local vibrait de toutes parts dans le bruit des machines, des ventilos et des coups de marteau, tout le monde était à fond. Les livraisons, les facturations, mais aussi les appros, la pub et le suivi commercial, prenaient beaucoup plus de temps qu'auparavant. Nous prenions cette avalanche de travail comme une manne.

Nous n'étions toujours que sept salariés en 1987, mais cette année-là, nous avions vendu 480 guitares (+ 37%) et réalisé un chiffre d'affaires en augmentation de 53% par rapport à l'année précédente.

C'était la première véritable année d'expansion. Nous étions très encouragés par ces résultats et comme nous avions un peu de trésorerie grâce au Prix de l'initiative AXA, à partir de là, nous nous étions un peu lâchés. Pas au sens de jeter l'argent par les fenêtres, non. Nous avions embauché deux personnes supplémentaires, augmenté un petit peu les salaires et nous nous étions surtout permis de faire davantage ce que nous voulions, Michel et moi, encore plus à fond.

## 1988. Pelissou, la yourte, Johnny Clegg, Destination Docklands, I shot the sheriff, Steve Vai.

Il nous fallait un nouveau catalogue. On ne pouvait pas continuer avec les Gold, en couverture. Ils étaient moins en vue et puis les modèles chez nous changeaient très vite. La Rockline existait à présent en version Collection, table en érable ondé, vernis « honey » bien chiadé, tête banane, Floyd et accessoires dorés, deux micros simples EMG et un double en position chevalet, trois mini sélecteurs de micros et un quatrième pour faire une sortie directe ! C'était le genre de guitare qui plaisait dans ces années-là.

La nouvelle basse en noyer massif connaissait un grand intérêt. Warwick, le fabriquant allemand, avait sorti des basses en wenge, noyer, bubinga, et les bassistes en redemandaient. Nous avions du beau noyer massif et sec, il nous fallait montrer tout ça, et surfer avec les autres sur les tendances du moment. Un nouveau catalogue, plus complet et plus « international » s'imposait.

Francis Pelissou était un artiste toulousain aux cheveux noirs et longs jusqu'aux épaules, moustache fine et soignée, yeux rieurs, look Zappa. Il avait fait les Beaux-Arts, mais je ne le connaissais jusqu'alors qu'en tant que guitariste.

Je l'avais vu en concert dans les années 70, dans un groupe « Jazz-rock », comme on disait alors, qui s'appelait « Poêle à feu continu ». Il nous amenait parfois sa Stratocaster blanche à régler et il nous avait dit qu'il montait une agence de communication avec son pote Philippe. Ils avaient fait preuve d'une excellente créativité avec le logo et le slogan « le rock dans la peau ! » l'année passée, et donc on leur avait confié le catalogue.

J'étais allé les voir dans leur atelier Avenue Crampel à Toulouse, dans une petite maison en briques roses avec jardinet, pour la présentation du projet. Après avoir bu une bière et bavardé un moment en fumant la clope, Francis s'était lancé :

– Alors tu vois, d'abord, on a prévu de faire un catalogue à l'italienne parce que c'est plus classe. Tu vois ce que c'est ?

– Oui, euh …

– Tu vois un catalogue normal c'est comme ça, et un catalogue à l'italienne c'est comme ça, et tout en parlant il tournait d'un quart de tour sa feuille de papier pour me la présenter à la verticale puis à l'horizontale. C'est la classe tu vois, tout en longueur, noir, avec un brillant classe, tu vois, pas un noir cheap.

– Oui, d'accord, je fais, attendant la suite.

– Alors, à présent, le concept de ce catalogue, c'est… écoute … qu'est ce qui fait rêver les guitaristes partout dans le monde, aujourd'hui ? Hein c'est quoi ?

– Ben …

– Vas-y ! C'est quoi qui te fait rêver ?

– …

– Ben c'est la Californie pardi ! La musique, les guitares, elles viennent d'où en ce moment ? De Californie. Et Toulouse, c'est où, pour les Allemands et les type d'Europe du Nord ? Eh ben, c'est en Californie ! Notre climat du sud, les guitares qu'on fabrique, c'est le rêve ! C'est la Californie ! Tout ça devient la Californie tu comprends ? Et donc on va le décliner dans tous les aspects du catalogue.

– Oui c'est …

– Attends, parce que faut qu'on t'explique d'abord la page de couverture.

Il rallume sa clope.

– Imagine par exemple un gros plan sur une magnifique limousine américaine intérieur cuir, tu vois, la portière est ouverte, tu t'apprêtes à sortir fendre la foule des fans car tu donnes un concert ce soir avec ton groupe. Une superbe blonde penchée vers toi te retient encore un instant, dramatiquement, cherchant ton regard, mais tu vas sortir quand même, tu vas y aller, tu as déjà empoigné la plus belle guitare LAG qui vient de sortir des usines de Toulouse, le ciel est rouge au couchant, à travers le pare-brise où se reflète la tronche du chauffeur avec sa casquette et qui attend que tu sortes. Tu la vois, la photo ? Sur fond noir ?

– Oui, je fais, c'est chouette, un vrai film hollywoodien ! Oui ça me plait, je t'assure. Et les photos des guitares elles sont où ?

– A l'intérieur, en double page on fait un fond stylisé graphique, tu vois avec des palmiers, des rayons de soleil et là on met huit modèles avec le descriptif technique en dessous, tu vois comme ça. Et au verso on se retrouve sur fond noir avec trois ou quatre photos de détails techniques, comme vous aviez demandé, la mécanique Hipshot, et le petit texte de présentation de la firme, avec traduc en anglais.

– Et les Collector's ?

– Sur une feuille séparée, à l'italienne, fond noir. On mettra une autre photo artistique avec cette fois le guitariste appuyé contre la limousine, la télé Collector's bleue dans les bras, et qui contemple le ciel aux nuages rosés pendant que la fille, un peu en retrait, mais bien éclairée, se remaquille à la fenêtre. Cette photo donne son identité et sa cohérence à ce tiré à part qui peut être distribué seul ou glissé dans la double page du catalogue. Voilà ! T'as vu on a bien bossé non ? Qu'est-ce que t'en penses ?

A sa sortie le catalogue avait eu le succès escompté. Les photos de couverture et du verso étaient vraiment chouettes et racontaient une magnifique histoire sur LAG. Nous regrettions la qualité technique des huit photos de la gamme en double page. On ne pouvait pas tout avoir !

La guitare LAG en couverture était magnifiquement présentée, dans une mise en scène hollywoodienne et convenue, qu'on pouvait prendre au premier comme au second degré avec plaisir ! Go !

Quelques jours plus tard, François nous avait dit, un matin, au café :

– Les mecs pour Francfort j'ai peut-être un plan pour le stand.

– Ah ! oui ? C'est quoi ?

– Bon, vous savez que chaque année on se prend la tête pour ce stand, comment on fait, la déco tout ça. J'ai rencontré des mecs qui peuvent nous le faire.

– Ah ! Ouais ? C'est qui ?

– Vous allez rigoler, ils sont trois et ils s'appellent E.T, Vomi et Rognon !

– Ah ! Ah ! C'est quoi ces mecs !

– C'est des mecs qui vont taguer dans les rues. Des jeunes, ils font de belles choses. C'est des skateurs. Ils pourraient nous faire une fresque sur une toile et on mettrait les guitares par-dessus.

– Ouais, pourquoi pas, c'est une idée. C'est dans le vent, ces trucs de skate.

– En plus, ça ne serait pas cher, ajoute François.


On était retournés aux guitares, aux achats, aux livraisons, aux chariots pleins de corps empilés, aux rangées de manches alignés sur la table de ponçage.

Le jour du départ pour Francfort on s'était retrouvés Michel, François et moi vers cinq heures du matin, dans un fourgon de location, en direction de Ramonville où on devait récupérer le travail de E.T, Vomi et Rognon.

Les dernières nouvelles n'étaient pas bonnes. Le trio avait dû tout recommencer et avait encore travaillé toute la nuit. On ne savait pas ce qu'on allait trouver et on était un peu inquiets. Il faisait noir et il pleuvait pendant qu'on cherchait la maison, au pas, dans un petit lotissement endormi.

Soudain E.T avait émergé comme un spectre dans la lumière des phares et nous avait conduits vers un garage. Une humidité poisseuse stagnait dans la pièce où se trouvaient des rouleaux de toile de jute. C'était à peine sec ! E.T avait dégagé un pan d'un gros rouleau pour qu'on puisse voir à quoi ça ressemblait.

Là, j'avais pris peur ! François et Michel étaient restés sans voix. La toile de jute apparaissait par endroits sous des croutes de peinture aux couleurs criardes. Ça ne ressemblait à rien de connu ! Il y avait eu un moment d'embarras sous le néon, dans le garage, mais nous ne pouvions plus reculer. Nous avions chargé les rouleaux dans le camion par-dessus les cartons de guitares, claqué la porte et pris congé de E.T dans la nuit.

Notre voyage à trois sur la banquette avant du Transit s'était déroulé comme tous les voyages à Francfort que nous avions déjà faits, émaillé de quelques conversations, de la contemplation silencieuse de la route, de rires, de clopes et de sandwichs. Le contrôle de police et de douane à la frontière nous permettait de dégourdir les jambes et puis on repartait, tendus derrière le pare-brise, dans notre hâte d'arriver.

C'était sur le parking de l'hôtel « Zur Sonne », à Kelsterbach, alors que nous venions de dîner et rentrions nous coucher, que nous avions vu cette Mercedes rose se garer juste à côté de nous.

– Hé ! Vous avez vu, les mecs, je fais ?
– Elle est géniale cette bagnole !

Pendant que nous descendions du camion, les portes de la Pink Mercedes s'ouvraient en grand et en jaillissaient Manfred et Stefan, hilares et sautillants, nous entourant aussitôt pour nous saluer !

– Hallo ! Hallo !
– Vous êtes dans le même hôtel que nous ?
– Oui, c'est Bruno qui nous a donné l'adresse.
– Super !

Nous entrainant vers sa Mercedes rose, Manfred s'était placé devant le coffre. L'ouvrant soudain d'un geste théâtral, il avait déclaré en souriant, avec son incroyable visage taché de son et sa maigre queue de cheval rouquine :

– Bar is open !

Nous étions restés scotchés devant la vision de ce coffre plein de bouteilles, presque à ras bord ! Nous avions été mis à contribution pour monter dans leur chambre les packs de bière, la vodka, le whisky, le gin et les tonics. Manfred était le rédacteur en chef d'un magazine de musique nommé Metal Hammer et Stefan était le photographe. Bruno commençait à faire de la pub pour LAG avec eux et ça marchait plutôt bien.

Nous nous étions assis par terre dans la piaule et avions fêté notre rencontre en piochant dans le stock de bouteilles et en parlant de nos business.

Le lendemain, nous avions attaqué le montage du stand. Notre emplacement était quelconque, au milieu d'une allée. En début d'après-midi nous avions commencé à poser la toile de jute sur les panneaux et au fur et à mesure qu'on avançait, un gros malaise s'installait. C'était hideux ! Les voisins des stands, les gens qui passaient dans l'allée, nous lançaient des regards inquiets, compatissants, ou préféraient détourner la tête. Nous nous sentions très seuls. Que faire ?

– Faut couvrir ça d'une façon ou d'une autre, je fais, du haut de l'escabeau. On ne peut pas laisser ça comme ça.

– Oui, mais comment ? On n'a rien !

– Si on pouvait fermer, faire un toit, un plafond, on n'aurait pas cette lumière qui vient des projecteurs du hall et qui nous fait ces couleurs démentes !

– Ouais, y a bien un rouleau qu'on n'a pas utilisé. Si on pouvait faire un pied central avec des tasseaux on pourrait faire comme une tente …

On s'était jetés sur cette option avec l'énergie du désespoir, trouvant des solutions bricolées mais pratiques, et au bout d'une heure nous contemplions notre œuvre, plantés au milieu de l'allée en fumant la clope, incrédules et conquis, devant cette yourte mongole en toile de jute que nous avions fait pousser en deux temps trois mouvements dans le grand hall du Musik Messe.

Les voisins des stands, les gens qui passaient dans l'allée nous lançaient des regards admiratifs ou amusés et invitaient leurs proches à regarder.

Nous avions réduit l'ouverture du stand à une toute petite porte en toile, avec rabat, qui maintenait l'intérieur dans l'obscurité d'une caverne, puis nous avions réglé les éclairages avec minutie. Le soir quand tout avait été installé, c'était féérique. Il régnait sous la tente une ambiance des Mille et une nuits. Les guitares, accrochées sur les murs et éclairées individuellement par de petits spots, luisaient et resplendissaient, tandis que les peintures de E.T, Vomi et Rognon formaient d'étranges motifs aux allures rupestres et primitives.

L'idée de génie dans ce cadre, c'était la RMVS. Michel avait tenu à aller jusqu'au bout de son idée de finition laser, chatoyante comme un CD que l'on ferait miroiter au soleil. Il avait peint une Rockline blanche en faisant partir du bouton de volume une quantité de rayons aux couleurs de l'arc en ciel, réalisés à la peinture fluo.

C'était beau et étonnant à la lumière naturelle, du jamais vu, mais sous lumière noire, c'était comme une hallu ! Les rayons fluos prenaient vie et transformaient la guitare en une matière gazeuse, éthérée, « gloomy », la guitare était comme faite de lumière.

Bien mise en valeur sur un petit pan de mur qui faisait comme un autel, elle brillait comme une madone dans la pénombre de la yourte, et ce miracle, que nous avions mis en scène sans le savoir, allait nous emmener beaucoup de visiteurs cette année-là. Les commentaires étaient élogieux aussi bien sur les guitares que sur le stand.

– Quelle bonne idée vous avez eu de faire un stand comme ça ! C'est vraiment original !

– Ouais, c'est une super ambiance, vous avez fait un peu le contraire de tout le monde !

Nombreux étaient les visiteurs asiatiques, appareil photo en bandoulière, qui faisaient des photos de la yourte et entraient à l'intérieur pour shooter nos modèles. Nous avions finalement assez peu vendu la RMVS, mais un an plus tard, nous l'avions retrouvée à Francfort sur un stand Coréen, copiée dans son intégralité.

– *Tu te souviens François, le choc ?*

– *Oui, ça nous avait fait marrer, et je crois bien que c'est la seule guitare LAG qui ait été entièrement copiée.*

– *On n'avait rien fait contre eux, je veux dire comme démarches*

– *Qu'est-ce que tu voulais faire ?*

– *Non rien, ça nous avait plutôt fait plaisir.*


En juin, Michel avait eu l'idée d'offrir une guitare à Johnny Clegg, « le Zoulou blanc », de passage à Toulouse. Une Vintage cherry, comme celle de Goldman, et grâce à l'appui de Bernard Lescure de la Dépêche du Midi une rencontre très amicale avait eu lieu. Johnny Clegg était un phénomène sur scène, et un combattant par ses chansons et sa musique. Son opposition à l'apartheid Sud-Africain, alors qu'il était blanc lui-même, donnait une complexité et un charisme peu commun à son personnage, un peu comme un Bob Marley. Nous étions très fiers de sa rencontre avec LAG.

Michel continuait à diriger la production, il peignait certains sunburst ou dégradés difficiles, il était de tous les coups de main au ponçage, encourageait les uns et les autres et assurait la livraison des guitares dans les délais prévus au secteur montage, chez François. Il était toujours à fond sur les guitares LAG mais depuis quelques mois il passait aussi beaucoup de temps sur des projets qui n'avaient rien à voir avec les guitares que nous fabriquions et que nous vendions.

Tout avait démarré avec Jean G, le Lum et les cassettes Memoson en 86. Depuis cette date, Michel avait digéré tout un tas de connaissances sur le MIDI, les claviers maitres, les claviers tactiles et les synthétiseurs. Il avait passé des heures avec Jean G, des heures avec Vincent Maury qui allait devenir par la suite l'informaticien, l'indispensable électronicien en chef d'Innov'art. Michel avait assimilé les bidouilles et compris le potentiel spectaculaire que représentaient ces instruments. Déclencher et moduler des sons de synthétiseur en déplaçant, par exemple, ses bras dans un cône de lumière, cela ne s'était jamais fait nulle part dans le monde !

C'était bluffant, spectaculaire et high tech. Le LUM avait été la vedette d'un salon FAUST de l'innovation qui s'était tenu à Toulouse, et Michel et LAG avaient eu les honneurs de la presse.

Certes, il n'était pas facile de jouer « Petit papa Noël » sur le LUM, même avec beaucoup d'entrainement, mais ce n'était pas fait pour ça. C'était fait pour épater, étonner, explorer la création sonore et mettre en œuvre des technologies que Michel allait par la suite utiliser sur des instruments à peine un peu plus conventionnels.

Depuis le début de notre installation au 38 Chemin de Moulis, Michel avait fait du premier bungalow sur la gauche en arrivant, son bureau. Il ne l'avait pas beaucoup occupé les premières années, car il passait presque tout son temps à l'atelier. Mais, à partir de 1987 et surtout 1988, ce petit bungalow en planches allait devenir le local d'Innov'art chez LAG.

Cette activité avait vraiment pris son essor quand Jean Michel Jarre avait commandé un LUM et quand Michel et lui s'étaient rencontrés et entendus comme larrons en foire pour imaginer les instruments d'un projet complètement fou, baptisé Destination Docklands.

Jean Michel Jarre avait prévu de donner deux concerts à Londres, les huit et neuf octobre 1988, depuis une barge amarrée sur les docks, et il voulait une esthétique à la Blade Runner, vintage et futuriste à la fois.

Michel avait pris ça à bras le corps. Il avait dessiné, gommé, refait, discuté, téléphoné, bricolé et il avait créé trois instruments très typés, délirants et futuristes.

Il y avait le petit, le moyen, et le grand, comme dans les trois ours de Boucle d'Or.

Le petit clavier maitre portable avait deux octaves et demie seulement. Mi-bête mi- chose, fait de cuir et de griffes, il se tenait près du corps comme une guitare, la main gauche sur une sorte de joystick. Main droite, des touches en forme de griffes, sensibles à la pression, permettaient de jouer comme sur un piano. Enfin, complètement incongru, et sortant tel un tentacule de la bête, un micro-chant fixé sur un flexible chromé, s'élevait près du joystick et permettait d'utiliser un Vocoder, tout en jouant. Comme un cœur rouge, l'afficheur LED des programmes clignotait doucement. On aurait dit une créature d'Enki Bilal qui aurait traversé l'espace-temps mais dans laquelle palpitait toujours un souffle de vie. On l'appelait, « l'insecte ».

Le moyen clavier-maitre était construit comme une guitare et fait pour être joué debout. Sa forme en quart de cercle épousait le mouvement naturel de l'avant-bras droit autour du coude et permettait de parcourir trois octaves.

Sélecteur de canaux MIDI, afficheur LED des programmes et transposeur d'octaves, étaient accessibles main droite, au-dessus du clavier. Main gauche, un manche articulé comme un joystick permettait de modifier le pitch et le vibrato des notes, de façon expressive et guitaristique. Peint en bleu marine dégradé, façon tôle brûlée, il avait un côté pointu et brutal et du coup, on l'avait baptisé « Mad Max ».

Enfin, le Grand clavier avait huit octaves, quatre-vingt- seize touches géantes de trente centimètres de long, et était intégré à un meuble de bois et de mousse polyuréthane en forme de U, monté sur roulettes, qui était la véritable tour de contrôle de Jean Michel Jarre sur scène. Il intégrait des synthés et des écrans vidéo et, comme un clin d'œil au Nautilus, une machine à écrire et une pendule. Lui aussi était peint façon Blade Runner.

Ces trois instruments avaient représenté une énorme quantité d'heures de travail pour Michel, Vincent Maury,le grand Pierre, des stagiaires, des sous-traitants et Dani qui avait repris du travail de secrétariat au sein d'Innov'art. Le budget accordé avait beau être significatif, dans ce genre de projets les prévisions étaient toujours dépassées. Michel faisait tout à la main, découpait une à une les quatre-vingt-seize touches de trente centimètres du clavier-meuble dans des plaques d'altuglass, les polissait au touret, vérifiant les cotes car bien sûr, le clavier était de forme arrondie. Il fallait que les touches blanches et les touches noires se succèdent avec une parfaite régularité.

Vincent se prenait la tête avec les programmes informatiques, les câblages compliqués, le MIDI, et il écrasait rageusement sa Malboro quand ça n'allait pas comme il voulait. Parfois il empoignait son saxo ténor et soufflait dedans à pleins poumons pour faire retomber la pression.

Début octobre, après encore quelques nuits blanches, les instruments étaient partis sur site. Utilisés tout au long du concert par Jean Michel, et donc très médiatisés, les claviers avaient grandement participé au show et, indéniablement, les Docklands avaient fait briller la marque LAG et le talent de Michel, mais les retombées commerciales sur nos guitares n'avaient pas été remarquables. Jean Michel Jarre ne faisait pas rêver les guitaristes. Peut-être, d'ailleurs, était-ce lui qui avait rêvé de se transformer en guitariste, en guitar-hero, à cette occasion.

On trouvait encore des tas de photos de cet évènement incroyable qui s'était déroulé sous des trombes d'eau. Et pendant que Michel et Vincent tanguaient sur la Tamise, encaissant des rafales de vent et de pluie, et participaient à ce concert géant et mémorable, moi j'étais à Paris, pour le Salon de la Musique.

C'était Halle de la villette, Porte de Pantin, comme chaque année maintenant, et tout avait bien commencé. Les guitares étaient belles, le catalogue noir « à l'italienne » et ses photos léchées faisait de l'effet. Je parlais, expliquais, montrais, faisais essayer les guitares, donnais des prix, m'asseyais avec les clients pour bavarder, prendre des commandes.

Je fumais, buvais des cafés, discutais avec les voisins et passais la journée sans manger ni aller aux toilettes ! Je m'en rendais compte quand j'y allais enfin, vers le soir, et contemplais la couleur de mon urine.

C'est pas vrai, Fred, mais t'as même pas pissé de la journée !

On avait engagé Markus Wittman comme démonstrateur, cette fois encore. Sa présence sur le stand m'aidait énormément. Il jouait très bien. Un bon cran au-dessus de nombreux démonstrateurs français du salon, et souvent j'entendais parler de lui :

– C'est qui le mec qui joue chez LAG ? Il est super bon ! C'est un Français ? Il est d'où ?

– Non, c'est un Anglais je crois. En tous cas, il parle anglais.

– On m'a dit qu'il est Allemand, on va le voir ?

Markus, qui avait dix ou quinze ans de moins que nous, apportait de la jeunesse sur le stand, une touche de blondeur chez les sudistes, et un grand professionnalisme à l'allemande dans ses démos au cordeau. Il confirmait, par sa présence à Paris, l'image internationale de LAG et pour le reste, il était discret, relax, et nous nous entendions très bien tous les deux. Son pote, le bassiste, plus âgé et silencieux, semblait toujours veiller sur lui.

Un soir, nous avions mangé dans une pizzeria en terrasse, quelque part sur une place aérée, Markus, son pote et moi. L'air avait la douceur de l'été indien et la bière fraiche qui coulait dans nos gorges nous délassait enfin de la pression de la journée sur le stand. On s'était jetés sur la nourriture comme des affamés car c'était un peu le seul repas de la journée, et on avait fait trainer ce bon moment en fumant et en buvant des bières et des cafés, appréciant l'air du soir et le spectacle des rues de

Paris. La fatigue nous était tombée dessus lorsqu'on avait repris le camion pour rentrer à l'hôtel.

On était tous les trois devant, et derrière nous les cartons vides bringuebalaient dans les virages. L'habitacle du Ford Transit faisait comme une caisse de résonance au morceau de Van Halen que nous écoutions sur le lecteur de cassette, chacun de nous perdu dans ses pensées. Soudain, un vacarme nous avait fait sursauter. Un fracas métallique, un choc très inquiétant venant de l'arrière gauche du camion. Je circulais quai de Valmy, une voie pas très large à sens unique où les voitures étaient garées sur la gauche côté arbres et canal.

— Qu'est ce qui se passe, m'écriais-je tout à coup !
J'avais regardé sur ma gauche dans le rétroviseur et ne voyant pas de lumières de phares derrière moi, j'avais freiné, mis les warnings, et m'étais arrêté pour voir de quoi il s'agissait. Je n'avais vu personne devant moi sur ma route, je ne comprenais pas ce qu'il s'était passé. En avançant vers l'arrière du véhicule, j'avais vu que la carrosserie était toute cabossée, je n'avais pas rêvé.

J'avais levé la tête dans la direction d'où nous venions et à une cinquantaine de mètres une moto gisait en travers de la route. Une personne se tenait assise, une autre était allongée. Nous nous étions approchés tous les trois, les yeux écarquillés d'effroi. La personne assise était une femme, ses cheveux blonds dépassaient de son casque, elle se tenait la tête et geignait, en bougeant le torse d'avant en arrière. L'autre personne, un homme, vêtu d'un jean et d'une veste en cuir épais, était allongé sur la chaussée, inconscient, à côté d'une moto de type japonais, la roue avant complètement voilée. Des fenêtres s'ouvraient, des têtes apparaissaient dans ces rectangles éclairés.

En bas, sur la route, des gens s'approchaient comme nous. Arrivé à côté de l'homme allongé sur la chaussée, j'avais vu soudain près de lui un gros pistolet à barillet, noir et luisant, vraiment énorme, abandonné sur le bitume, et je m'étais écrié :

– On ne touche à rien ! La police va arriver ! J'avais entendu qu'on avait appelé Police Secours dans les immeubles.

On formait à présent un petit attroupement sur la route et les flics étaient arrivés, fourgon, voitures banalisées, ambulances, gyrophares et sirènes.

– Vous êtes le chauffeur du camion, me demandent-ils ? Suivez-nous s'il vous plait.

Nous les avions suivis dans un fourgon où ils nous avaient fait l'alcootest, heureusement négatif, et ils avaient pris nos dépositions.

– Monsieur l'agent, vous pouvez nous expliquer ce qu'il s'est passé ?

– Non, je ne peux rien vous dire pour l'instant.

On était restés enfermés dans le fourgon pendant que tout le monde s'affairait sur la scène de l'accident. Les blessés avaient été enlevés ainsi que la moto, nous attendions toujours, assis dans le fourgon de police. Il n'était pas loin de minuit quand on nous avait dit :

– Vous allez nous suivre au commissariat. Prenez votre véhicule et suivez-nous.

Là, ils nous avaient installés dans des bureaux différents et avaient recommencé à nous interroger. J'avais vite compris que leur problème était le gros pistolet que j'avais vu et qui malheureusement avait disparu. Je n'avais pas changé de discours. Oui j'avais vu le pistolet et j'avais incité les gens à ne rien toucher.

– Et vous, vous ne l'avez pas pris ? insistait le flic.
– Ben, non !
– Bon, on va vous fouiller et fouiller le camion.


On était épuisés, il était trois heures du matin. On avait sorti les cartons du camion dans la cour du commissariat. Rien. Les policiers étaient dépités et ennuyés. On avait fini par comprendre que le couple à moto c'étaient des flics en civil qui étaient sur un coup. Ils fonçaient, avaient voulu nous doubler. Ils avaient été salement amochés dans l'accident. Les regards vers nous étaient mauvais et alimentaient une culpabilité diffuse dont je n'arrivais pas à me débarrasser.

Vers cinq heures du matin, ils nous avaient relâchés après nous avoir fait signer des tas de procès-verbaux et fait comprendre qu'on se reverrait, au tribunal. On avait dormi deux heures et on était repartis au salon faire notre boulot, un peu cramés quand même.

Deux ans plus tard, j'avais été convoqué au Tribunal Correctionnel de Paris, dans l'île de la Cité, un mardi. J'étais monté en train.

Il y avait foule, tout un public était venu assister au jugement d'une vingtaine d'affaires, dont la mienne. J'avais remarqué une femme blonde et un type en fauteuil roulant à côté d'elle et, en imaginant que c'étaient mes policiers, j'avais été très ennuyé. Mon assurance véhicule avait dépêché un avocat commis d'office pour m'assister mais je ne l'avais même pas vu. Je n'en menais pas large.

Pendant une heure j'avais écouté des affaires en tous genres et tous les types qui avaient été jugés avant moi, une bonne douzaine, avaient tous écopé de peines de prison ferme et d'amendes salées. J'étais drôlement inquiet sur mon sort. Enfin mon affaire avait été traitée, cinq minutes palpitantes sans qu'aucune charge n'ait pu être retenue contre moi.

J'avais remercié mon avocat et m'étais dit en sortant de là, au comble de la joie, que j'étais peut-être le seul prévenu à m'en tirer si bien ce jour-là. J'avais repris le train « down to Toulouse » en chantant. Et lorsque j'avais évoqué cet épisode, plus tard, avec les potes, le titre de cette chanson de Bob Marley, « I shot the sheriff » m'était venu à l'esprit. Et c'était comme ça que depuis, j'appelais cette histoire, lorsqu'il m'arrivait de la raconter.

On était toujours à fond, et davantage chez LAG qu'à la maison. Ce n'était pas vraiment une fuite, j'étais bien à mon bureau. Je réfléchissais, regardais les chiffres. Je faisais des projections, des calculs, et cela me rendait heureux et confiant.

Notre vie familiale était plutôt joyeuse et dynamique à cette époque. Les filles avaient grandi, elles nous demandaient moins de temps. De fait il n'y avait plus trop de limite au travail. Nous nous encouragions aux cris de « Solidarnosc ! » qui résonnaient dans l'atelier quand nous nous retrouvions Michel et moi un samedi ou un dimanche, les deux co-gérants, pour avancer le boulot en retard.

Je faisais un peu comme si LAG avait toujours besoin de moi et que mes proches eux n'avaient besoin de rien. Comme s'ils avaient déjà tout, par le simple fait de m'avoir comme père ou comme mari ! J'étais comme ça à l'époque, malheureusement. La progression du chiffre d'affaires, des guitares produites, l'augmentation du personnel, des clients internationaux, tout cela me rassurait, et je bossais pour que ça dure. Quant à Michel, il avait toujours travaillé le week-end.

Une fois par semaine on allait avec toute l'équipe manger à La Roseraie, un restaurant d'entreprise sur la route de Paris dont la salle à manger contenait facilement trois à quatre cents personnes baignant dans une odeur de viande grillée et de frites. Dans un brouhaha de conversations, de tintements de fourchettes dans les assiettes, on suivait la serveuse qui nous faisait de grands signes pour nous entrainer vers une table libre. On prenait des entrecôtes et on se volait les frites allégrement dès que l'un de nous était distrait. Une vraie bataille de fourchettes et Béa n'était pas la dernière à ce jeu. C'était un bon repas arrosé de vin rouge et ensuite on fumait une cigarette en buvant le café, à table.

Cette année-là, nous étions partis pour vendre 650 guitares, c'était bien, et avec les produits de distribution, le chiffre d'affaires était en augmentation de 30%, mais comme le faisait remarquer Joël, notre associé, nous équilibrions les comptes mais nous ne gagnions pas assez d'argent !

En novembre on avait rencontré Steve Vai à l'occasion du passage de David Lee Roth et de son groupe à Toulouse. François et moi lui avions apporté une Rockline qui sonnait bien et qui était agréable à jouer. On le savait sous contrat avec Ibanez, avec qui il avait développé la JEM, mais la tentation était trop forte de lui mettre une LAG entre les mains. Il était assis sur un canapé dans sa petite loge du Palais des Sports, et nous avions pris place à ses côtés sur des poufs. Pendant tout le temps du rendez-vous, le gros lecteur de cassette posé près de lui balançait des rythmiques de batterie en boucle et à perpète, sur lesquelles il jouait la Rockline qu'on lui avait amenée, qui sortait sur un petit ampli réglé en saturation et à bas volume.

Steve Vai faisait le fond musical et répondait en même temps à nos questions, très sérieusement, sans cesser de jouer et de sourire, enfilant des riffs plus géniaux les uns que les autres, parlant avec nous, ne regardant pas son manche. Nous sommes restés ainsi plus d'une demi-heure à bavarder avec lui, extrêmement touchés par sa gentillesse.

Le soir, pendant le concert, ils avaient tous été très bons. On avait ri et on avait bien profité du spectacle et de sa démesure, car David Lee Roth était un véritable show-man et un chanteur très en voix ce soir-là. Steve Vai sur la droite de la scène, longs cheveux noirs flottant devant un ventilateur, prenait des poses et sautait et vire voltait, assurant toutes les parties de guitare avec brio. A un moment, David Lee Roth s'était élancé sur un surf géant et était passé au-dessus de nos têtes. Quel cirque !

## 1989 Spitfire, catalogue et distribution, Musika Moscow

Bruno était le plus souvent avec des musiciens et des guitaristes. Les fins de semaine avec son groupe Marche Commune, et le reste du temps, il le passait chez Musik Ebert où il était en contact avec les clients, les représentants et les gros magasins de musique d'Allemagne. Il recevait et analysait quantité d'informations en provenance du marché et il avait du nez pour flairer les tendances. Un jour, au téléphone, il m'avait dit :

– Tu sais, on devrait faire un préamp, un préamp LAG à lampes, tout le monde veut ça aujourd'hui. Le guitariste il veut plus jouer sur des amplis à transistor ! Regarde ENGL et Hugues & Kettner ici en Allemagne ils s'y sont mis à fond !

– Mais, tu y as déjà réfléchi, je lui fais ? Tu as quelque chose en tête ?

– Oui. Faut que je parle avec les frères Stattler. C'est eux qui ont fait la « Cream Machine » pour Hugues & Kettner. J'irai les voir à Sarrebruck. L'idée serait de refaire comme une « Cream Machine » mais sous forme de rack 19 pouces tu vois, avec deux canaux, un clair et un saturé, quelque chose de simple qui sonne et qui ne soit pas trop cher.

– Tu crois que ça pourrait marcher ? Qu'ils vont nous le faire ?

– Pourquoi pas ? Oui, mais faudra du fric. D'après ce que j'ai compris, la commande minimum est de 100 unités. Mais on va affiner tout ça. Je voulais t'en parler pour savoir si vous étiez intéressés.

– C'est évident, je fais, reste à voir le produit et les calculs.

Michel et François avaient trouvé l'idée épatante. Au bout de quelques semaines, un joli rack noir était arrivé, avec sur la façade quelques boutons type Fender. C'était le prototype. Bruno l'avait déjà écouté et m'avait dit que c'était une réussite. On l'avait longuement essayé nous aussi et il nous plaisait. On avait validé la première commande de cent unités.

Il sonnait « comme un avion », et nous l'avions baptisé LAG « Spitfire ». C'était surtout Bruno qui délirait dessus. Il avait monté un modèle réduit de Spitfire, maintenu en l'air par des fils de nylon, et il le faisait piquer en attaque sur le preamp devant le photographe. Cette photo noir et blanc, ambiance Blitzkrieg, nous avait servi de pub pour l'Allemagne et la France. On la passait en format demi-page, en noir et blanc, ce qui soulageait nos finances. Les preamps portaient tous le logo LAG et un petit avion « Spitfire » sérigraphié.

Par la suite, on avait aussi sorti un combo Spitfire 100 watts équipé d'un haut-parleur 12 pouces Celestion, mais c'était le préamp qui avait le mieux marché. On le vendait 2990 francs prix public (450,00 euros), ce qui était bien placé pour un préamp à lampes Made in Germany.

Très vite, François avait adopté le combo LAG. Il aimait le son de cet ampli qui lui permettait, disait-il, de tester les guitares et de savoir ce qu'elles avaient dans le ventre ! Et ce combo l'avait suivi toute sa vie puisqu'il était toujours à ses pieds sous son établi, dans son atelier, encore aujourd'hui. Les préamps s'étaient très bien vendus et les ventes s'étaient étalées sur plusieurs années. Pendant une période, à Paris, le magasin « La Pédale » nous les prenait par dix.

On était contents car les ventes attiraient les ventes. Les appels téléphoniques de magasins de toute la France se multipliaient, les représentants visitaient les boutiques et étaient bien accueillis, on faisait des bancs d'essai des guitares, des amplis.

Je m'entendais bien avec Olivier Garcia de Guitarist, un « cousin ». Il était cool et m'impressionnait moins qu'un Guy Dupont au rire tonitruant, toujours à faire des vannes typiquement parisiennes, ou qu'un Alain Versini en éminence noire, avec qui je n'étais pas toujours très à l'aise. Sur les salons, Joce était toujours accompagnée de collègues souriantes et adorables, si bien que notre budget pub était vite parti. Nous essayions toujours d'alterner passage gratuit sous forme de test ou de rédactionnel et passage payant. C'était du boulot !

Sur mon ordi portable qui ressemblait à une machine à coudre avec son petit écran plasma sur le côté et son petit clavier séparé, qu'on avait acheté avec le fric d'AXA et qui ne me quittait pas, j'écrivais sans relâche et j'éditais des tarifs.

Avec la grosse imprimante qui ne pouvait utiliser que du papier listing perforé et replié en accordéon, j'avais fini par imprimer un tarif catalogue pour nos revendeurs. On y trouvait toutes les marques et tous les articles que nous vendions ainsi que les prix.

LAG arrivait en premier, à tout seigneur tout honneur ! D'abord les guitares : Rockline, Custom tête « reverse », Collector's, Hardline, avec des prix publics allant de 1000 à 1500 euros. Puis les basses, Rockline, Collection en noyer, Jazz bass Collector's et toutes les options.

Une page était consacrée à LAG Spitfire, préamp, combo, baffles, puis venaient les cordes LAG en provenance de chez GHS, Michigan, dont Pelissou avait dessiné les pochettes (La Californie !). Il y avait les belles housses siglées LAG que l'on achetait en Allemagne et enfin toutes les pièces détachées LAG, le hardware, les manches et les corps, un mini « Fred's Guitar Parts » catalogue avant l'heure ! Ensuite venaient les autres marques, les médiators Dugain faits par Jean Charles himself, les micros Reflex et les amplis Peterson en provenance de UK, les guitares Marathon de Meinl.

Notre expansion depuis deux ans sur le marché allemand, avec une présence très visible dans Metal Hammer et les grandes revues musicales comme Fachblatt et Guitarren & Bass, avaient considérablement grossi notre image en France et à l'étranger. Nous avions des distributeurs partout en Europe, la Grèce et le Danemark avaient récemment rejoint la LAG Family.

Cela nous donnait de nombreuses occasions de voyager.

– Michel, je pense qu'il faudrait aller voir Daytone. José Burgos veut me voir lui aussi. Je pourrais passer à Paris samedi, visiter un ou deux magaz avec José, et ensuite filer à Bruxelles dimanche et lundi, il veut me voir, pour parler.

Michel ne me disait jamais non ou on ne peut pas. Il trouvait sans doute nécessaire ce que je proposais et donc je partais. J'aimais bien cette échappée au volant d'une voiture qui me rappelait bien sûr un tas d'autres voyages, d'autres départs, d'autres bouffées d'air. Se retrouver soudain au milieu de la Grand Place de Bruxelles illuminée, ouvrir les yeux sans parler, marcher en solitaire, s'assoir en terrasse avec le brouhaha des Belges tout autour, j'aimais vraiment ça. Rencontrer les clients chez eux était toujours intéressant, c'était une façon d'être là, d'occuper le terrain, on pouvait voir des choses et en apprendre.

– Ça te dirait Michel qu'on aille passer deux ou trois jours sur le week-end à Madrid, à la foire ?

Nous avions à présent Backline comme distributeur en Espagne, la boite de Marc Scamps, l'ex associé de Neyret, et il exposait cette année-là au salon de Madrid. Je parlais espagnol et adorais aller en Espagne, alors ça s'était décidé en deux minutes.

En arrivant là-bas, nous avions vérifié le fait qu'il valait mieux juger d'une situation sur place, plutôt que de se faire des idées. On disait le marché espagnol prometteur, mais le salon de Madrid était minuscule et bien plus petit que celui de Paris. La plupart des distributeurs étaient des magasins de détail situés à Madrid et dans quelques grandes villes, et si la société espagnole faisait preuve de curiosité et d'ouverture, le business paraissait bien verrouillé.

Heureusement que l'équipe de Backline était chouette, Marc, Rosa et son mec, avaient la pêche, ils y croyaient. Peu de monde dans les allées où nous déambulions, Michel et moi, comme les Dupond et Dupont, avec notre attaché case Proto loupe d'orme à la main ! Fin de journée et fatigue à Madrid, la ville qui se couche le plus tard du monde !

Le soir, avec quelques collègues de la foire, on avait mangé sur une grande avenue dans un Museo del Jamon, assez tard vers dix heures du soir, le genre d'établissement aux murs tapissés de jambons incroyables, à différent stades de maturation et qui embaumaient. Après le repas, certains avaient proposé d'aller en boite en taxi. Lorsqu'on était arrivés à destination, la porte était close. La boite n'ouvrait qu'après deux heures du matin !

En début d'année nous avions reçu un courrier de la Coface nous proposant de participer à la première foire de la musique en URSS. C'était le temps de la Perestroïka et les étrangers étaient les bienvenus en pays communiste. N'était-ce pas une immense occasion pour nous de prendre pied sur ce nouveau et prometteur marché, en pleine mutation comme l'expliquait la Coface ? Qui par ailleurs faisait des conditions de financement exceptionnelles, puisqu'on ne remboursait les avances qu'en proportion des futures ventes.

Franchement c'était trop tentant, on avait la bougeotte. Il avait été décidé que Bruno et moi ferions le voyage. La manifestation s'appelait Musika Moscow 89. Nous avions préparé une douzaine de guitares et fabriqué des caisses en bois pour le transport jusqu'en URSS.

Le 15 Juillet nous avions embarqué, à Paris, dans un Illioutchine dont les portes des compartiments à bagages n'avaient pas cessé de taper pendant tout le vol car ça secouait pas mal. Les hôtesses, costaudes comme des matriochkas en tabliers gris, pas salissants, gardaient l'équilibre et faisaient le service. Vodka !

Moscou, en 89, était une ville hors de notre temps et de notre monde. Dans le taxi noir qu'on croyait sorti de l'après- guerre, on voyait défiler des avenues immenses et quasiment vides de voitures ou de piétons. Pas de panneaux de pub, pas de néons, pas d'éclairage commercial, des immeubles gris, une esthétique à la Buffet, vide et en même temps lourde et un peu menaçante. Le taxi s'était arrêté devant l'hôtel Belgrade, vaste bâtiment criblé de fenêtres, près de cinq cents chambres, une entrée monumentale en haut d'un escalier de pierre.

On nous avait bien conseillé de ne pas changer d'argent au noir, mais pendant que j'étais occupé devant un urinoir immaculé de l'hôtel, à deux pas de la réception déserte et grande comme une cathédrale, un type s'était amené vers moi. Il portait un pardessus gris et un chapeau qui lui masquait le visage. Il m'avait proposé dix fois le cours normal du rouble et j'avais accepté.

Je pensais avoir fait une bonne affaire mais la suite allait montrer que pas vraiment. Nous occupions une chambre à deux lits au quatorzième étage. Depuis les fenêtres on avait une vue qui s'étendait sur une immense place ronde autour de laquelle tournaient quelques voitures isolées. Des grappes de passants pas plus gros que des fourmis arpentaient les larges trottoirs déserts.

Le lendemain nous nous étions dirigés vers le site qui abritait les bâtiments de la foire expo, le ciel était bleu avec un beau soleil. C'était beaucoup plus petit que Francfort. Arrivés sur notre stand, bien placé à un carrefour d'allées, nous avions fait les démarches pour récupérer les caisses. Au déballage, il s'était avéré très vite qu'on nous avait fauché trois guitares ! Les caisses avaient été ouvertes à la douane, que s'était-il passé ensuite ? C'était couvert par l'assurance, mais cela nous décevait et nous interrogeait un peu quand même. Fallait-il se méfier aussi du vol en pays communiste ?

On avait exposé au mieux les guitares restantes et le stand avait de l'allure. On avait surtout des Rockline, des guitares de Hard et de Heavy Metal aux formes pointues. On ne savait pas très bien quel serait le public, c'était une première mondiale ! Un peu plus loin, dans l'allée, se trouvait le stand tout noir de Warwick et c'était là qu'on s'était rencontrés pour la première fois je crois Bruno, Hans Peter Wielfer et moi. Grâce à l'aide de la Coface, de nombreux fabricants français étaient eux aussi du voyage :

Selmer, Buffet Crampon, Vandoren, Savarez et bien d'autres. On s'était vus pas mal pendant la foire, forcément, et un esprit expat franchouillard avait vite soudé cette petite communauté en visite chez les communistes. Mais nous faisions un peu bande à part, Bruno et moi, on était « les rockers ».

Du rock, il y en avait eu le lendemain, à l'ouverture des portes ! Une foule bigarrée de jeunes gens s'était ruée sur le stand, touchant à tout, aux jacks, aux amplis, aux pochettes de cordes exposées, jouant les guitares, posant des questions, emportant les catalogues, on ne pouvait pas tout surveiller ! On n'avait pas anticipé la réaction de cette jeunesse devant notre stand et nos guitares. Ils n'avaient rien vu de pareil à portée de main ! Les éclairages, les supports de grattes, les amplis, tout les attirait. Cela avait été très choquant, ils étaient frustrés de rock 'n roll et de toute chose, et la moitié des catalogues avait disparu d'un coup.

Le jour suivant, on avait entouré le stand de chaines et il fallait faire la queue. Les personnes intéressées entraient une par une. On branchait la guitare et là, le plus souvent, on avait affaire à un bon guitariste. Parfois on prenait la claque ! Le gars se mettait à jouer une rythmique bien rock à la Keith Richard, ou reprenait carrément un riff de « Surfing with the Alien » de Joe Satriani en pleine gloire chez nous. On était admiratifs car on se demandait comment ils avaient fait pour apprendre ces plans, sans tous les disques, émissions, cassettes, dont nous disposions, nous, en occident. On commençait à se douter qu'il y avait une contre-culture, qu'il y avait deux niveaux, le visible et l'invisible, l'officiel et le noir. Le gars qui avait joué sur le stand repartait avec un catalogue.

Ces jeunes se débrouillaient comme ils pouvaient et nous racontaient qu'ils jouaient sur des guitares dont ils avaient fabriqué eux même toutes les pièces !

Nous aussi on se débrouillait comme on pouvait. Une fois acté que nos roubles ne valaient rien en dehors de la foire, que les chauffeurs de taxi ne voulaient pas nous prendre, que les restaurants refusaient de nous laisser entrer alors que les tables étaient mises et que l'on crevait de faim, nous nous étions débrouillés nous aussi. Le soir, on suivait les jeunes qui avaient trainé sur le stand avec leurs potes et leurs copines, et on se retrouvait dans des appartements incroyables, de vieux apparts décrépits dénués d'objets superflus ou de déco. La pauvreté des murs n'empêchait pas les sourires et la joie de tous les gens à qui les copains nous présentaient. En un tour de main, les petits verres sortaient de l'évier et la bouteille de vodka se mettait à tourner. Une boite de caviar apparaissait, chacun se beurrait un toast et tartinait du caviar. Et on rigolait, car comment ne pas rire à sa troisième vodka !?

Puis soudain il fallait bouger et nous partions ailleurs, dans un autre appartement où on recommençait à manger du caviar et à boire de la vodka cul sec, à une cadence effrénée. On trouvait que les filles à Moscou étaient plus belles qu'ailleurs, qu'elles avaient une fraicheur et quelque chose d'unique qu'on n'avait jamais vus avant, Bruno et moi. Natures et ouvertes, avec une sensibilité à fleur de peau et de très beaux yeux. Ah ! Natacha ! Ah ! Milena !

On allait de surprise en surprise, comme la fois où on avait pris le métro de Moscou, et halluciné devant cette merveille d'art déco, un vrai musée avec ses luminaires, ses statues, les décorations, le marbre, le bois ciré, un univers si différent du décor du métro parisien.

Les escaliers roulants faisaient beaucoup de bruit, mais on était tellement impressionnés de les voir fonctionner alors qu'ils paraissaient dater du début du siècle, qu'on se marrait et qu'on trouvait tout ça incroyable.

On se rendait à une party dans une banlieue, en compagnie des membres du groupe de rock 60-65, des jeunes qui trainaient souvent sur le stand avec nous. Impossible d'acheter quoi que ce soit, pas de magasins sur la route, rien. Nous avions pris des concombres à une vieille femme assise à un arrêt de bus et de l'eau minérale qui avait un affreux goût de ferraille, mais que tout le monde buvait à Moscou.

L'appart n'était pas terminé, l'immeuble n'était pas crépi et il n'y avait pas de portes à l'ascenseur. Croquer des concombres avec de la vodka en fumant des brunes, c'était particulier pour nous, mais courant pour nos amis qui savaient mettre l'ambiance et étaient vachement nombreux dans cet appart. Au retour, les banlieues étaient blafardes et désertes et on était souvent les seuls à circuler. Ces jeunes étaient de vrais résistants et ils prenaient peut-être des risques à nous emmener ainsi partout.

Une autre fois, nous avions été invités en compagnie de musiciens officiels, dans un restaurant chic où on servait des mets que nous n'avions jamais vus, en particulier des poissons de la Baltique séchés, fumés, et préparés de mille façons, ce qui nous avait permis de faire un bon repas.

Mais il n'y avait pas d'acheteurs ! Nous avions fait une émission promotionnelle à la télévision soviétique, rencontré des journalistes, mais toujours pas de clients ! On avait pris des contacts, donné des cartes et de la documentation commerciale. On nous disait, patientez cela se fait après la foire, par courrier. En attendant on faisait du troc sur de la pièce détachée et des cordes de guitares, contre des insignes militaires soviétiques, genre faucille et marteau, étoile rouge, képis de l'Armée rouge et boites de caviar.

Alex le guitariste du groupe 60-65 rêvait d'un micro Duncan modèle Jeff Beck, mais il ne pouvait rien nous donner en échange. Un jour il était revenu à la charge et je lui avais redemandé :

—   Contre quoi ? Il avait fait un signe, en montrant les doigts de sa main.

– Une bague ?

– Gold, avait-il ajouté

– Ok, j'avais fait.

Le lendemain il m'avait tendu une alliance. J'étais affreusement gêné, parce que je ne savais pas d'où sortait cette alliance, c'était très intime.

Je ne me voyais pas la partager avec les collègues de LAG au retour, comme on pouvait le faire avec des boites de caviar. Mais il avait vraiment insisté et on avait fait le deal. J'avais mis la bague dans ma poche et un mouchoir sur ma conscience, et oublié jusqu'au souvenir de cette alliance.

Vingt ans plus tard, au salon de Francfort, alors que j'étais en conversation avec une connaissance dans un des grands halls autour des escalators, je remarquai un type d'une quarantaine d'années, cheveux noir et parka sombre, qui se tenait à une dizaine de mètres et qui ne cessait de me dévisager. J'avais continué à parler en l'oubliant un peu, mais lorsque la discussion avait pris fin il s'était approché de moi.

– Hello ! Vous êtes Fred, non ?

– Oui, je fais, un peu surpris.

– Je suis Alex, de Moscou !

Je le reconnaissais à présent, vingt ans plus tard ! Il paraissait ravi de me retrouver. Souriant et empressé, il m'avait donné sa carte et raconté qu'il vivait à présent à Miami, aux Etats Unis où il avait une boite d'export d'instruments de musique. Il fournissait les clients russes et ça marchait bien. Il avait femme et enfant à Miami. Je n'en revenais pas ! Puis il m'avait dit :

— Tu te souviens que je t'ai donné une alliance contre un micro Jeff Beck à Moscou, en 89 ?

— Oui, je fais, un peu gêné qu'il aborde ce sujet.

— C'était la bague du batteur du groupe qui devait se marier. Il m'en a toujours voulu de la lui avoir piquée. Tu l'as gardée ?

— Oui, je pense, mais je ne sais pas où elle est !

— Je te la rachète ! Le prix que tu veux ! C'est trop important pour moi.

— Je comprends, je lui fais. Je vais la chercher, je te tiens au courant. On se verra au Namm l'année prochaine.

— Oui, oui, dit-il, souriant et soulagé.


On s'était quittés, mais cette histoire d'alliance, elle, ne me quittait plus. Où avais-je pu la mettre ? J'avais bien une alliance dans une boite, mais c'était celle de mon grand-père que ma mère m'avait donnée à son décès, je n'en voyais pas d'autre. Comme la date du Namm approchait, je m'étais décidé à aller voir un bijoutier avec l'alliance dont je disposais.

— Pouvez-vous me dire quelque chose permettant d'authentifier cette bague, lui demandais-je.

Il avait posé l'alliance sous une grosse loupe binoculaire et allumé la lumière. Il était resté un moment silencieux, puis il avait dit :

— En tous cas ce n'est pas une alliance française, il y a un poinçon ici qui représente la faucille et le marteau !

J'étais sauvé ! J'avais remis la bague à Alex au Namm à Anaheim et bien sûr je ne lui avais rien demandé en échange. Nous étions tous les deux bourrés de remords et très satisfaits de mettre fin à la « malédiction » en opérant le retour de l'anneau. Il nous avait invités, ma compagne et moi, à prendre le petit déjeuner avec lui à son hôtel.

Vingt ans plus tôt, pour Alex et les musiciens de Moscou, Musika 89 avait représenté beaucoup. On s'était mêlés à eux, on avait communiqué librement sur des tas de sujets et partagé de beaux moments. Quelques mois plus tard le mur de Berlin tombait. La Perestroïka c'était beaucoup d'espoir pour le peuple russe, et l'énergie de la jeunesse que l'on avait ressentie pendant ces dix jours, nous poussait à croire que les choses allaient changer. Le caviar était arrivé dissimulé dans les caisses de guitares, un beau jour, à Moulis, ce qui avait permis à Michel et François de capter un peu du goût de cette aventure. Puis, suite à cette foire, nous avions vendu trois guitares en URSS par l'intermédiaire d'une femme russe, prostituée toulousaine d'un certain âge, qui les embarquait lorsqu'elle rentrait au pays. Elle nous payait toujours en espèces et ça s'était arrêté là, l'Union Soviétique avait d'autres problèmes en 89.

Et nous aussi, car, après la parenthèse soviétique, j'avais remis les pieds dans l'économie de marché et son cortège de décisions à prendre, plusieurs fois par jour. Le siège social de LAG, 15 rue Laganne, devait être transféré au 38 Chemin de Moulis. Des associés voulaient reprendre leurs billes. Il fallait convoquer une AG extraordinaire, mais on n'avait pas de service juridique, on faisait tout nous-mêmes et ça prenait beaucoup de temps.

Quoi !? Charrousset de Montpellier nous faisait des impayés !? J'avais pourtant sympathisé avec le vendeur, un gars de Lille nommé Yvon Maillard, qui aimait les LAG et en vendait à tour de bras. « Le Zonze », comme on l'appelait, avait fait des émules au sein même de l'équipe de Top Live, la nouvelle école pour guitaristes de Montpellier, et Thierry Pontet le prof de guitare ne jouait plus que sur LAG. Mais Charrousset avait déposé le bilan, et même si on avait pu récupérer des guitares, on y avait laissé quelques plumes.

Dans la foulée nous avions embauché Yvon comme représentant dans le sud à la place de Fouquet, parti soudainement fabriquer des guitares en Bretagne avec le luthier Guy Trameleuc ! Il fallait toujours trouver des solutions très vite, dans un environnement où tout changeait en un instant. Mais nous étions rapides.

Nous avions aussi décidé d'embaucher une secrétaire commerciale export, car le secteur explosait. J'avais reçu Khedy dans le petit bureau de bois peint en blanc que je partageais avec Béa. Sur son cv elle mentionnait son expérience dans la vente de sous-vêtements féminins et elle avait exhibé à la dérobée, pendant l'entretien, des panties blancs avec de petits rubans en satin ! Elle était jeune, brune et décidée. Elle avait un bon sens commercial et nous n'avions jamais regretté son embauche.

Des gens nous quittaient et d'autres arrivaient. Un jour s'était pointé un jeune ado malingre, accompagné de sa mère qui cherchait désespérément un contrat d'apprentissage pour son fils. Il avait échoué partout disait-elle, il ne s'intéressait à rien, à part la guitare, elle ne savait plus quoi faire. On avait dit oui car on avait toujours besoin de main d'œuvre, et qu'on avait senti l'importance de cette décision pour la mère et le môme. Le jeune Patrick s'était épanoui chez LAG, en particulier au montage où François s'était bien occupé de lui. Avec sa casquette à l'envers et son skate, il était le plus jeune de la boite et tout le monde l'appelait par son sobriquet : Cascarret.

Cette année 89, nous avions vendu 900 guitares et fait un chiffre d'affaires global HT de 4.400 000 francs (735 000 euros), plus de 18% d'augmentation. Nous nous étions attribués, Michel et moi, un salaire à quatre chiffres comme on disait à l'époque pour parler d'une bonne rémunération, ce devait être dix mille francs, environ 1500 euros !

La paye des salariés avait été reconsidérée et augmentée. Comme sur un bateau, si la pêche était bonne il était normal de partager avec l'équipage. Ainsi pensions nous, Michel et moi, et nous avancions ensemble avec une bonne équipe qui allait encore faire des gains de productivité.

## 1990 Artlan, USA, HDM, Schenker, fête Moulis, fête de la musique, Toulousain de l'année.

Nous venions de faire la connaissance de Michel Battle, artiste et collectionneur toulousain, qui nous avait contactés car il avait une idée.

– Vous connaissez Artlan ? Le type qui dessinait la pin-up du mois, dans LUI ? vous voyez ? C'est magnifique ce qu'il fait, de véritables œuvres d'art, nous expliquait Michel Battle. Il se trouve que je connais bien Artlan, et je pense qu'on pourrait lui faire signer une guitare sur laquelle on aurait reproduit une de ses pin-ups. En série limitée numérotée, bien sûr. On pourrait ainsi vendre des guitares et des produits plus orientés marché de l'art, vous voyez ?

– Oui. On voyait.

– On fait une belle photo de la fille, faut bien choisir le dessin original qui puisse entrer dans le corps d'une guitare, on colle, on vernit et le tour est joué, disait-il.

Comme il possédait déjà un original de Artlan, une magnifique teenager blonde dans une pose très peu pudique, nous avions accepté de faire la guitare Artlan N°1. C'était vraiment très « osé ». Personne n'avait fait ça, et c'était aussi ce qui nous plaisait sans doute. C'était une provocation d'exposer pareille guitare, c'était très macho, mais cela n'avait pas fait débat à l'époque.

On mettait en avant l'aspect artistique indéniable de l'œuvre, entièrement réalisée au pinceau et incroyablement réaliste, depuis les beaux yeux rieurs et provoquants de la fille, jusqu'aux détails intimes de son système pileux !

Était-ce de bon goût cette guitare pin-up ? Chaque année, il nous fallait un produit nouveau, un « hors-série », quelque chose qui ferait parler de LAG, nous avions toujours fait comme ça et nous y tenions visiblement. La pin-up d'Artlan allait-elle faire le job !?

Dès les premiers jours de janvier nous étions partis Michel et moi, en tant que visiteurs, au Namm à Los Angeles, l'autre grande Mecque mondiale du business de la musique avec Francfort. On ne parlait pas de Shangaï en ce temps-là. Dans les couloirs de l'aéroport on s'était fait doubler par Jammes Trussart et son copain, qui couraient en trimballant chacun trois guitares dans des housses sur leur dos. On bossait bien avec Jammes à cette époque-là. Il commençait à avoir du succès en tant que luthier. Il avait ouvert le magasin Guitar Station rue Victor Massé, et j'appréciais bien son vendeur, François Bronic, car il vendait bien nos guitares. Un jour Jammes m'avait fait visiter son atelier, pas loin du magasin, là où il fabriquait ses premières guitares en métal. J'avais vu Yohann Hervé, un jeune gars qui bossait là, comme d'autres. Il allait fonder des années plus tard Guitare Garage et devenir le luthier iconique de nombreux musiciens de Paris et d'ailleurs, et un grand ami.

Mais nous n'en étions pas là, nous étions dans les couloirs de l'aéroport de LAX et nous voyions disparaitre les guitares et le pantalon de cuir de Jammes Trussart.

C'était notre première fois en Amérique. J'avais tout aimé dans ce voyage. Même l'odeur de la pollution à Inglewood, près de l'aéroport, quand nous avions débarqué, était conforme à ce que j'attendais. Devant les larges avenues bordées de palmiers où l'on roulait sur plusieurs files, je ressentais une curieuse impression de déjà- vu qui au lieu de me rebuter m'émouvait. C'était comme si j'étais déjà venu autrefois, et les noms des avenues, des boulevards et des lieux en espagnol participaient à ce sentiment de familiarité. Valencia Drive, Santa Anna Freeway, Sepulveda Boulevard, Pasadena, San Diego, j'adorais lire tous ces noms américanisés d'origine espagnole, je leur trouvais une musique et un pouvoir évocateur extraordinaires. C'était normal que les mexicains reviennent ici, je me disais, c'était leur terre !

On avait rejoint la ville d'Anaheim et son Disney Land, et tous ces motels dans leur décor de palmiers, de cocotiers et de lumières. J'avais été frappé par le motel « Alpines » un chalet alpin à la mode californienne, couvert de fausse neige avec des stalactites de fausse glace débordant des toitures ! Avec Michel on se montrait les bagnoles, les Ford Mustang, les pickups démesurés aux roues de tracteurs, les chopper bikes tout dégoulinant de chromes.

Le site sur lequel se déroulait le salon était magnifique, pelouses vertes, hévéas géants, allées de palmiers royaux, bâtiments blancs et vitrés entourés des hôtels Hilton et Marriott, c'était plus beau que Francfort.

A l'intérieur, à mon grand étonnement, la majorité du personnel de service était composée de gens âgés, cheveux blancs et uniformes rouges, sucrant un peu les fraises, qu'on était surpris de voir travailler. Ils n'ont pas la retraite ici ?

On avait rencontré la famille Sperzel de Cleveland dans l'Ohio. Bob et son fils Ron, les inventeurs de la mécanique de guitare blocable, légère et au look unique. Mondialement connus, et pourtant installés dans un tout petit stand, séparé du voisin par une bâche bleue en plastique. Chez Seymour Duncan, à côté des pyramides de boites de micros, on nous avait présenté la toute nouvelle ligne d'amplis modulables, véritables usines à gaz, qui ne nous avaient pas convaincus. On avait revu Helmut Schaller et son fils René, et Tom Hosokawa avec qui on travaillait depuis peu et qui nous fournissait des pièces Gotoh et des tas d'autres choses via sa société Saga Japan. Nous étions à présent totalement indépendants de SMI pour les approvisionnements.

Nous n'étions pas restés longtemps à Anaheim, le temps d'avaler un soir un hamburger super-géant qu'on pouvait confectionner à l'époque chez Deny's en avançant le long d'un self foisonnant d'ingrédients, et en empilant soi-même tomates, cornichons, oignons, steack, laitue, lard grillé, croutons sur plusieurs étages. On payait au nombre de steacks. Le fromage fondu coulait d'un robinet qui avait le débit puissant des glaces à l'italienne et arrivés à la caisse nos hamburgers mesuraient vingt centimètres de hauteur. On avait très faim.

On avait marché sur Melrose pour acheter des santiags et on s'était fait tous les magasins de guitare de Sunset Boulevard.

On s'était dit qu'il fallait revenir l'année suivante pour exposer les LAG, car ici c'était vraiment la terre du rock, des guitares et du business.

A peine sortis de l'avion qui nous ramenait à Toulouse nous prenions le train de nuit pour récupérer à Paris le prix « Fondexpa de l'audace à l'export ». Encore un concours auquel nous avions participé et qui nous apportait monnaie et notoriété. On était un peu sur un nuage mais à peine avalés les cocktails nous avions repris le train de nuit.

Dans la perspective des salons de Francfort et de Paris et avec l'ambition de faire partie de ce gratin des fabricants de guitares électriques que l'on fréquentait depuis des années en Europe et à présent aux States, nous avions décidé de sortir un nouveau catalogue, encore plus beau que les autres.

De nouvelles guitares vraiment originales avaient pris forme ces derniers temps à Moulis et elles trouvaient un écho dans le public. C'était le cas de la Custom avec sa tête inversée (on disait Reverse). Une foule de détails séduisaient dans cette guitare. Le manche avait 24 cases au lieu des 20 ou 22 traditionnelles, et nous le proposions en érable moucheté vernis « honey », qui faisait ressortir tous les dessins du bois. Des pions de nacre abalone aux reflets verts et bleus situés en bordure de manche constituaient les repères.

Les dernières cases étaient creusées (on disait scalopped) ce qui permettait de meilleurs tirés de corde dans cette zone difficilement accessible et les frettes étaient grosses. Le corps de forme strat légèrement réduit, équipé d'un vibrato Floyd de chez Schaller, était paré d'une plaque de protection en altuglas transparent faite maison. En partant des micros on pouvait suivre le cheminement des câbles à travers le corps. Le regard pouvait détailler à l'intérieur de la cage électronique le jack, le switch cinq positions et pouvait constater la propreté des soudures sur le switch et sur les potards. C'était assez fascinant pour les guitaristes et du jamais vu sur une guitare de série.

La Rockline pour sa part continuait sa carrière tandis qu'un nouvelle guitare apparaissait pour la première fois avec un corps creusé pourvu de deux ouïes acoustiques et une tête plus classique, avec trois mécaniques de chaque côté. Cette C90 Thinline ne savait pas qu'elle allait donner naissance à la célèbre lignée des Roxannes, pour des décennies !

L'agence de pub HDM, composée de publicitaires affutés et expérimentés, avait conçu un catalogue luxueux de format à l'italienne (!) jouant sur les effets de matière avec de magnifiques photos prenant toute la page. En couverture, encadré d'un filet blanc pour le faire ressortir sur le fond noir comme un tableau, un gros plan de tête Custom reverse, avec sa chaude couleur de bois où apparaissaient le nouveau logo LAG doré surligné de noir, les cordes, les mécaniques, et un petit pinceau posé sur un pot de laque.

Sous la photo, la phrase « Signing a LAG is always a great moment of emotion » évoquait le caractère unique de chaque instrument, signé comme un tableau. Ce qui n'était pas loin de la réalité en définitive, car de par le mode de production, chaque guitare était unique et traitée avec un soin équivalent qu'il s'agisse d'une entrée de gamme ou d'une Deluxe. Elle passait entre les mains des mêmes personnes qui ne voyaient jamais deux bouts de bois pareils et en tiraient le meilleur. Simplement le moment de la « signature » n'était peut-être pas toujours si solennel et parfois la belle se retrouvait vite dans son carton et dans un camion. Ce catalogue entièrement rédigé en anglais s'adressait à l'international et avait été financé par notre police Coface APS. Tant qu'on faisait des ventes à l'export et qu'on pouvait rembourser notre part de l'assurance cela se passait très bien, autant en profiter. Ce catalogue nous servait aussi pour la France bien entendu.

A Francfort, nous avions fait un salon très « busy » car Khedy avait pris des rendez-vous avec tous nos distributeurs et nous avions aussi un tas de fournisseurs à rencontrer. Au chapitre des distributeurs, Rose Morris, grosse boite de distribution british, avait remplacé Gérard Bart en Angleterre. Un soir, dans le quartier décontracté de Sachsenhausen à Francfort, nous avions croisé des vendeurs de chez Rose Morris reconnaissables à leurs tenues noires et leurs chemises blanches. François m'avait arrêté :

– T'as vu le mec qui était avec eux !? On dirait Noël Redding.

– Ouais c'est lui, c'est sûr ! On l'avait suivi des yeux un moment. Il devait avoir dans les 45 ans mais faisait vieux et usé. Le bassiste du Jimi Hendrix Experience, ça alors !

Nous avions aussi un nouveau distributeur au Danemark nommé Rockilden, des jeunes de notre âge, fêtards et gros buveurs qui avaient un magasin de musique et s'occupaient du plus gros festival rock du pays.

En Grèce, notre distributeur était Anastasios Liolios. « Tassos », comme il aimait se faire appeler. C'était un gros bonhomme au visage rond avec des yeux comme des billes, marrons et intelligents, une grosse moustache noire et des cheveux longs lisses et noirs posés sur sa tête comme une perruque. Il ne parlait pas un mot d'anglais et était accompagné de Michalis son jeune vendeur qui traduisait.

Michalis était tombé amoureux des guitares LAG et Tassos de la guitare Artlan. L'œil égrillard il passait et repassait devant la pin-up à poil sur la guitare. Il connaissait trois mots de français car il avait fait des saisons avec un groupe de Sirtaki dans des hôtels en Suisse autrefois, et il aimait à répéter en regardant la pin-up d'un air désolé, les bras grands ouverts :

– Maria (sa femme), jalouse ! Et on riait avec lui.

Nous étions donc représentés en Grèce, en Suisse, en Allemagne, en Autriche, en Belgique, en Espagne, au Danemark et en Angleterre et faisions quelques ventes parfois en Italie et en Finlande. Plus de quarante pour cent de notre chiffre d'affaires était réalisé à l'export. Michel et moi partagions les rendez-vous. Quand on sortait du stand on traversait en vitesse les allées et les blocs remplis de visiteurs massés dans tous les coins où ça jouait. On adorait les démos de Thomas, le guitariste de Hugues & Kettner*, qu'on saluait de loin quand il était en plein boulot.

Les sons de guitares qui se mélangeaient dans le vaste hall, les essais de pédales, les distos, les lights aveuglants et le brouhaha des conversations, constituaient l'atmosphère respirable de ces temps de salon à Francfort. Il fallait drôlement tendre l'oreille pour ne pas perdre le fil de la conversation en anglais quand Bill Bartolini nous parlait de ses micros et que des types slappaient comme des malades sur les basses à côté. Souvent lors de ces rendez-vous, on avait un coup de barre, l'attention s'échappait complètement, et c'était bon d'avoir un partenaire à ses côtés, qui aidait à reprendre le cap de la conversation. Je pouvais compter sur Michel qui était très résistant et qui en plus avait fait des études d'anglais.

En ces temps où la ville de Francfort faisait tout son possible pour attirer la clientèle internationale à la Musik Messe, tous les exposants étrangers étaient invités à une soirée au Frankfurter Hof, un splendide établissement cossu et rococo.

J'attendais cette soirée avec impatience car on y mangeait bien, gratuitement, et c'était un formidable lieu de rencontres. On passait de salles en salons en marchant sur d'épais tapis, tandis que les serveurs circulaient, un plateau chargé de verres de bière en équilibre sur une main. Le long des murs, des tables, des dessertes, des guéridons proposaient les mets les plus variés. Des cuisiniers en tablier blanc passaient des plats dans des récipients chromés qui reflétaient les lumières des lustres.

Une salle était réservée à la cuisine bavaroise avec la choucroute bouillante dégageant encore sa vapeur, les saucisses orangées, les côtelettes de porc.

Nous mangions sur de petites tables en hauteur et faisions connaissance avec nos voisins en choquant nos verres de bière. On buvait à volonté. Une fois j'avais atterri sur un canapé avec Tom Hosokawa notre fournisseur japonais. Un peu bourrés, un verre de whisky à la main on se racontait des choses. Il me disait qu'il aimait plus que tout se promener dans un parc au Japon près de chez lui. Il évoquait le calme, les arbres, la qualité de l'air, les fleurs, et son visage rond un peu statique rayonnait à l'évocation de ces endroits.

Lorsque nous étions allés lui rendre visite bien plus tard à Nagoya ma compagne et moi, il nous avait amenés dans ce jardin où les grosses carpes grises et roses venaient se frotter contre les papyrus, les nénuphars et le bord des bassins, et où régnait une atmosphère apaisante si particulière. Il me racontait ça, sur le canapé du Frankfurter Hof, en fumant des brunes japonaises qu'il tirait d'un paquet vert tout froissé. C'était un moment étrange et unique car les journées sur la foire ne laissaient pas beaucoup de place aux conversations intimes.

Nous recevions sur le stand les clients, les visiteurs, mais aussi de plus en plus de groupes de rock allemands que Bruno avait convertis à LAG ces deux dernières années. L'amitié de Bruno et Manfreid de Metal Hammer, ainsi que leur commun intérêt commercial, s'étaient vite conjugués pour produire une machine à pub très efficace.

Manfreid signalait à Bruno les groupes qui commençaient à avoir du succès mais n'avaient pas encore de contrat d'exclusivité pour les guitares.

Bruno allait les voir en concert ou prenait rendez-vous et faisait le deal. Le guitariste du groupe devait faire un test de sa guitare LAG qui était ensuite publié dans Metal Hammer avec photos et baratin sur le groupe ; quant à Bruno il passait des pubs LAG avec ces groupes dans Metal Hammer.

Tout le monde était gagnant tant que la pub faisait vendre les guitares. Running Wild, Risk, Rage, U.D.O,

Kay Hansen, Doro, jouaient sur LAG et passaient donc sur le stand.

Nous ouvrions des bières, et tout en fumant et discutant, nous les présentions à nos clients et nous faisions des photos.

Cette année 1990, Bruno avait réussi à avoir par Manfred le numéro de téléphone de la mère de Rudolf Schenker des Scorpions, car Rudolf vivait chez sa mère (!) Il connaissait Rudolf pour lui avoir vendu précédemment les flight case serpent de chez Proto qu'on lui avait fournis, et cette année, il l'avait invité à passer sur le stand pour voir les guitares. Rudolf Schenker s'était pointé avec deux ou trois personnes, incognito, on avait bu un coup et bavardé sur le stand.

Il avait flashé sur la guitare Artlan et l'ingénue peinte dessus. Il l'avait empoignée, et brandie en l'air, et on avait fait plein de photos, dont une où on est tous les quatre avec lui, Bruno, Michel, François et moi. Rudolf était déjà en contrat avec Gibson et ne pouvait rien faire d'officiel avec nous, mais il avait passé du temps sur le stand et Metal Hammer allait pouvoir raconter cet évènement. La presse française s'était elle aussi fait l'écho de l'animation qui régnait sur le stand LAG.

A Moulis c'était aussi le branlebas de combat. Le proprio, Mr Dubezy, avait enfin terminé l'extension du local qu'il projetait de faire. Au bout du bâtiment en bois qui abritait la production, il avait construit une aile en dur avec un étage si clair et si agréable qu'on avait décidé d'y mettre les bureaux. Michel et moi avions celui de gauche qui donnait sur la cour, Béa, Khedy et Carole, la toute nouvelle secrétaire standardiste, ex Miss Corse (!), partageaient à droite une grande pièce toute en longueur.

En bas, communiquant avec le local de production, se trouvait la salle consacrée au montage, avec plusieurs bancs de travail installés les uns derrière les autres. De l'autre côté, avec l'escalier qui montait à l'étage, se trouvait le secteur expédition et les cartons.

Nous avions commandé des fauteuils en cuir noir style « direction » et nous nous étions lancés dans la fabrication de nos bureaux. Michel avait dessiné un bureau moderne de grandes dimensions avec le plateau, les pieds, le fond.

Nous en avions fabriqué deux exemplaires identiques, un pour chacun, en panneaux de particules de 40 mm d'épaisseur, au cours de quelques samedis à l'atelier. Ces bureaux mats gris foncé étaient magnifiques et de proportions parfaites pour la pièce. Cela pourrait paraitre un peu enfantin de s'octroyer ainsi une position dominante à l'étage, avec du cuir et un imposant bureau, mais c'était pourtant ce que nous avions fait.

Lors de l'inauguration étaient invités tous ceux qui travaillaient de près ou de loin avec nous, et d'abord les salariés et leurs conjoints. En dehors de Michel, François et moi, étaient salariés chez LAG à cette époque Béatrice, Khedy, Carole, Miguel, Christian, Jacques, Bruno, Carlos et Avelino. Cascaret et Frédéric étaient en formation. On avait fait venir nos représentants, « le Zonze », Joël Derobert et José Burgos ainsi que des journalistes de la presse musicale comme Olivier Garcia qui avait fait le déplacement pour Guitare & Claviers.

J'étais allé le chercher ainsi que Bruno à l'aéroport dans l'après-midi. Pourquoi avait-on eu l'idée d'inviter aussi Patrice Vigier à cette occasion ? Envie de mieux le connaitre ? On voyait bien qu'il faisait son chemin lui aussi. Il avait démarré avec des basses mais s'était mis à faire des guitares, comme nous. Son modèle Excalibur cartonnait mais on ne savait pas grand-chose sur l'entreprise Vigier, ils étaient moins expansifs que nous, plus secrets.

Patrice Vigier était arrivé souriant sous sa moustache noire avec son directeur commercial Jean Paul Pastore. Ils étaient bien assortis tous les deux et nous avions passé une bonne soirée et discuté jusqu'à tard dans la nuit dans nos bureaux. J'avais emprunté la Saab 900S de mon pote Robert pour trimballer les VIP et faire les allées et venues entre la gare, l'aéroport et Moulis. Une soixantaine de personnes avaient bu et mangé à des tables installées dehors le long des bâtiments. Il y avait eu des prises de parole, de la musique et du live dans différents coins, et grâce à nos épouses et filles, aux femmes de chez LAG et à quelques gars de chez nous, nous avions à peu près réussi le service jusqu'au dessert, une belle fête en plein air.

La fête était vraiment à l'ordre du jour en ces temps-là chez LAG, car nous avions un super plan pour la fête de la musique qui approchait. Avec un groupe formé pour l'occasion et uniquement constitué de personnes travaillant chez LAG, nous devions nous produire sur une scène, place du Capitole le 21 juin, en première partie d'un plateau constitué de toutes les vedettes du show-biz toulousain de l'époque : Mader, les Gold, Image, et des tas d'invités.

Dans notre groupe, Michel était à la guitare et au chant, François, Miguel et Bruno aux guitares, Jacques aux claviers, moi à la basse et un autre Fred à la batterie. Nous avions prévu de jouer « Rock and Roll » de Led Zeppelin, « Highway to Hell » de ACDC, Tush de ZZ top et « Stairway to heaven ». Nous répétions quand nous pouvions, entre midi et deux, et le soir après le turbin. Tout le monde jouait sur LAG bien entendu. Nous avions souvent du public pendant les répétitions et ça rigolait pas mal. On ne se prenait pas au sérieux, la fête de la musique était encore une manifestation bon enfant et on était très excités à l'approche de l'évènement.

Il n'empêche que lorsque nous étions arrivés place du Capitole, au pied de la grande scène où s'agitaient encore les techniciens, posant des câbles partout, des pieds de micro, des retours, dans une grande agitation due à l'heure, et au public qui déjà se pressait tout autour, nous avions commencé à sentir un léger trac.

– T'as vu ? Elle est vachement haute la scène.
– Ouais, putain, t'as vu y a du monde.

Nous étions backstage avec le groupe de Gégé, « Psychedelic & co », qui passait après nous et commençait à s'installer, car nous allions jouer sur leur matos. L'ambiance était aux blagues à deux balles et aux clopes fumées compulsivement. La nuit tombait, les lights chauffaient déjà la scène, la place du Capitole était noire de monde.

– Allez-y les gars, c'est à vous ! Eh ! Regardez ! Vous allez jouer devant six mille personnes !

On s'était avancés, et déjà la foule criait et applaudissait. On avait démarré par Rock and Roll.

Sur les côtés de la scène, cachés par les bâches, les Gold, les Image, rigolaient et nous encourageaient. C'était génial, on s'était détendus et on avait commencé à prendre du plaisir à jouer avec le gros son énorme qu'on avait sur scène.

*J'avais reparlé de ce moment plus tard avec François et il m'avait dit :*

*– Et tu te souviens de la maison qui brûlait ?*

*– Oui, ça me revient ! A l'angle de la rue du Taur ! Le toit était en flammes !*

*– Rends-toi compte, nous on jouait « Highway to hell » et on voyait les flammes qui s'échappaient de cette maison avec la fumée noire qui montait dans le ciel, et nous on chantait « Highway to hell » à pleins poumons ! Ah ! Ah !*

*– Oui, les pompiers ne pouvaient pas y accéder à cause de la foule qui bloquait les accès. Et nous on*

*jouait ! Ah ! Ah ! Le feu avait été rapidement maitrisé quand même.*

Nous avions terminé notre set en nage, acclamés par la foule, conscients d'avoir collé quelques pains mais qui n'avaient pas entamé la joie du public ni la nôtre. Personnellement je ne touchais pas terre. Nous étions restés un moment backstage pour écouter nos amis, et goûter encore un peu l'ambiance incroyable de la scène, puis nous étions descendus retrouver les gens de LAG qui étaient dans le public. Ces moments ne pouvaient que créer une très bonne ambiance au sein de la boite.

On se payait un peu mieux et je rêvais de m'acheter une R25 turbo D d'occasion, comme celle de La Fouque notre ancien représentant. J'avais vraiment flashé sur les accélérations du turbo, les fauteuils larges et confortables, les dimensions imposantes de la bagnole, l'ordinateur de bord !   J'en avais trouvé une en Juillet et dès le mois d'aout, pour les vacances, j'avais embarqué la famille direction la Grêce et Thessaloniki, pour rendre visite à « Tassos » notre distributeur. Il nous avait emmenés dans sa maison au bord de la mer, à Tripiti, et nous avions passé une semaine fantastique à nous baigner, pêcher le calamar, faire la sieste et manger les pastèques de son jardin. Peu de mots entre nous mais beaucoup de sourires et d'affection. Ma femme et mes filles avaient adoré ce séjour.

Michel n'avait pas attendu longtemps pour changer de voiture, et acheter une 205 GTI de couleur rouge, d'occase mais en parfait état, qui rugissait et accélérait drôlement vite, autre chose que ma R25 ! Quant à François, il frimait déjà pas mal avec sa 504 coupé rouge Ferrari.

J'étais parti deux jours à la British Music Fair, à Londres, pour encourager Rose Morris notre distributeur, et on avait fait ensuite un mini salon à Bordeaux avec Yvon « le Zonze » et Thierry Pontet, dégaine Clapton, coupe afro, qui faisait pour nous les démos. Yvon nous avait aussi amené Adrian Byron Burns, un chanteur guitariste de blues britannique assez connu qui vivait près de Montpellier et à qui on avait fait une belle guitare sur mesures.

Nous avions aussi réalisé une guitare pour Jean Marie Ecay, à l'époque guitariste de Didier Lockwood, et une autre pour le guitariste de Treponem Pal, un groupe de métal industriel qui montait. J'avais rencontré le guitariste au Bikini, mais décidément je n'aimais pas cette musique.

L'année 90 restait associée à un achat consacrant la modernité de l'entreprise, au même titre que les logiciels SAARI compta et gestion qu'on commençait à utiliser laborieusement. Cet achat, cette merveille de new tech, c'était le fax. A une époque où on ne communiquait que par courrier ou par téléphone, le fax c'était le courrier à la vitesse du téléphone. Le nôtre, avait coûté 24.000 francs soit 3.600 euros (en monnaie constante) ! On l'avait payé à crédit sur trois ans. Il était gros comme une photocopieuse et lent comme un escargot, mais quand le rouleau de papier crépitait dévoilant le document expédié quelques instants plus tôt, par Seymour Duncan de l'autre côté de l'Atlantique, on était pris d'un sentiment d'incrédulité proche du miracle. Et cela avait bien duré quelques mois !

Notre participation à la fête de la musique en tant que groupe-entreprise LAG, n'avait sans doute pas été étrangère à notre nomination quelques mois plus tard comme « Toulousains de l'année ». La Jeune chambre Economique distinguait ainsi chaque année de façon honorifique un dirigeant, une entreprise, une « succes story » toulousaine. Dominique Baudis, maire de Toulouse avait rappelé qu'il suivait depuis les débuts le parcours de notre entreprise, et qu'elle lui paraissait « être le symbole du dynamisme toulousain ». « Le son toulousain doit beaucoup aux guitares LAG » avait-il ajouté.

Nous avions atteint le seuil des 1000 guitares vendues dans l'année, toutes sorties des ateliers de Moulis et fabriquées à la main, par une dizaine de luthiers, quant au chiffre d'affaires, il avait bondi de 25%. C'était grisant. C'était une année faste, mais tout n'était pas rose pour autant. Plus l'affaire grossissait et plus il était difficile « d'être partout » comme on avait fait jusque-là. On se concentrait sur ce qu'on pensait faire bien, ce qui nous plaisait, et on communiquait moins sur ce qui pouvait faire problème. On avait engrangé du succès et des honneurs, mais notre boite restait économiquement fragile. Nous n'arrivions pas à dégager des marges suffisantes et les résultats d'exercice, certes positifs, ne faisaient pas rentrer suffisamment d'argent. Aussi chaque début d'année me plongeait dans une sorte d'anxiété diffuse.

# 1991 Namm , Bogner, le Drakkar, Mexico, the Beast.

L'année où tout avait basculé, pour moi, pour nous et dans le monde, mais on ne s'en était pas rendu compte sur le moment.

En tête de mon agenda 1991 j'avais écrit cette phrase de Sénèque : « Il n'est pas de vent favorable pour celui qui ne sait pas où il va ».

Comme une invitation à la réflexion ! Pour LAG bien-sûr, mais pour moi aussi d'une certaine façon. Car j'avais retrouvé, cette année-là, sans vraiment la chercher, une ancienne petite amie, Mme D, qui faisait battre mon cœur à nouveau. Je la revoyais, lui téléphonais, et me livrais avec elle à un revival adolescent.

Nous étions à la recherche de vents favorables sans aucun doute, mais savions-nous où nous allions ? Peut-être pour la première fois, Michel et moi n'étions plus aussi totalement en phase sur la question. Chacun évoluait au sein de ses préoccupations familiales, personnelles ou professionnelles et nous communiquions moins personnellement. Et puis la société autour de nous était plus complexe. La vie avait changé, on rentrait dans les années 90, une drôle d'ambiance nouvelle s'installait.

Jean Michel Jarre avait soumis de nouveaux projets. Le département Innov'art était devenu une SARL dans laquelle Michel s'investissait pas mal sans pour autant négliger les guitares dont il continuait à diriger la production. Installés chacun à notre bureau, dans la même pièce, nous suivions en direct les conversations téléphoniques et les préoccupations de l'autre. Nous échangions nos points de vue entre deux coups de fil, et faisions souvent le point.

– Qu'est-ce que t'en penses ?

La communication entre nous était toujours sincère, sérieuse et amicale comme avant, mais nous partagions moins de choses, moins d'aventures, moins de projets et de discussions. Nous nous renfermions. Nous laissions les contingences économiques nous dicter la cadence. Le Namm démarrait le 18 janvier, on exposait aux States pour la première fois !

Michel était resté à la fabrique. Nous étions partis François et moi depuis Toulouse. Bruno, qui entre temps avait quitté Musik Ebert et fondé sa propre société, LAG Deutschland, nous avait rejoints là-bas.

A notre arrivée à L.A, sur le parking ensoleillé du rent a car, nous avions entendu sur l'auto radio la déclaration de la Guerre du Golfe et ouvert les portes de la caisse pour respirer un peu. Des américains s'étaient alors approchés pour écouter Georges Bush sur notre radio et là, autour de notre voiture, ils s'étaient excités de façon guerrière très impressionnante. On était assez abasourdis de la nouvelle et des réactions des gens, et on commençait à se demander si on allait pouvoir rentrer chez nous.

Bruno avait l'adresse de Bogner, un pote allemand parti tenter sa chance en Californie. Il vivait du côté d'Hollywood dans un petit appart transformé en atelier d'électronique, avec Georg, un copain allemand binoclar qui l'aidait. Bogner était un jeune gars brun et souriant, longiligne, végétarien et designer électronique. C'était sympa de se poser chez lui après ce long voyage ; il fumait de l'herbe et nous en avait offert. Son dernier préampli « the Fish » sonnait du tonnerre.

A son arrivée à L.A, il avait travaillé un moment chez « Making Music » où il avait fait la rencontre d'Eddy Van Halen qui voulait faire tuner sa tête Marshall. Bogner avait fait un travail tellement exceptionnel que cela avait lancé sa réputation. On allait chez « Making Music » pour avoir le son d'Eddy ; et Greg, le patron, l'avait vite compris. Il finançait Bogner et ça avait donné « the Fish », un preamp en rack, bleu turquoise traversé par une grosse arête de poisson et équipé d'une double rangée de boutons « chicken head » blancs. Il nous faisait la démo lui-même dans l'appartement, sur une vieille strat Fender, à fond, et au diable les voisins !

Le lendemain Georg et lui nous avaient aidés à nous installer, mais on était perdus dans le hall immense au milieu des autres exposants. Danny, un jeune allemand de Konztanz au look californien, que connaissait bien Bruno et qui avait décidé de s'installer à Los Angeles pour faire de la musique, trainait tout le temps avec nous. Il avait un beau sourire sous son casque de cheveux blonds et un culot phénoménal. Il copinait déjà avec pas mal de musiciens connus dont les musiciens de Kiss.

On avait fait le show qui durait quatre jours et rencontré beaucoup de musiciens dans le sillage de Bogner. Le soir on se baladait d'un hôtel à l'autre, dans la douceur de l'hiver Californien sous les palmiers, en fumant des clopes et en discutant tout en marchant. Reinhold nous entrainait à l'Holiday Inn où jouaient Blues Saraceno et Ritchie Kotzen, deux guitaristes de rock en vue à l'époque et nous finissions la soirée au Hilton avec Albert Lee & friends. Et les amis d'Albert n'étaient autres que Steve Morse, Steve Lukater et Van Halen !

Incroyables soirées gratuites dans les vastes salles et le décor cossu du Hilton, une Corona à la main, un œil sur les musiciens, l'autre sur le public tout autour. Célébration commerciale des artistes, des marques de guitares et du business à l'américaine. A la fin du Namm nous avions vendu une ou deux guitares en direct à des copains de Bogner, et le dernier jour à la fin du salon j'avais accepté l'offre d'un magasin de Las Vegas qui voulait emporter cinq guitares. Ils n'avaient pas de cash et j'avais pris le risque d'accepter le chèque qu'ils me proposaient car ça m'évitait de rapatrier les guitares en France. Danny nous avait proposé de garder celles qui restaient et d'essayer de les vendre.

On ne s'en serait pas trop mal sortis si j'avais pu encaisser ce chèque, malheureusement malgré toutes mes tentatives je n'avais jamais pu me faire payer ce chèque de Las Vegas. Je m'étais bel et bien fait avoir « à l'américaine ».

Avant de partir on avait encore trainé autour d'Hollywood Bd et on était entrés dans un bar pas loin du Roxy. Soudain François m'avait dit :

– T'as vu qui est là, sur la gauche regarde, Entwistle, le bassiste des Who !

Et à ce moment- là sur la droite, j'aperçois seul à une table, Brian Setzer, le guitariste des Stray Cats, avec sa banane blonde, en train de descendre une paire d'œufs frits « sunny side up » avec son café.

– Ils doivent être du quartier, j'avais fait, tout réjoui de les voir là, avec nous, et de partager un instant leur quotidien.


A l'aéroport dans une ambiance de guerre imminente, nous étions montés dans le dernier avion d'Air France pour Paris. Pas d'autre avion après le nôtre. Ouf ! On avait pu rentrer, mais les images des bombardements de Bagdad déversées sur toutes les chaines de télévision en continu et pour la première fois, avaient de quoi inquiéter pour la suite.

Pour nous, la suite c'était Francfort qui approchait et des guitares et des guitares à fabriquer. Avec Michel nous partagions les approvisionnements. Chacun avait ses fournisseurs attitrés. Michel s'occupait surtout des vernis et du bois, et moi je faisais le reste. On lançait en production cent instruments par mois. Je gérais ce planning en fonction des commandes. Miguel fabriquait minimum vingt-cinq manches par semaine. Ils les prenait au stade pré-débit le lundi et les amenait frettés poncés galbés, prêts pour le vernis le vendredi. Il fallait toujours quelques manches supplémentaires pour répondre au service après-vente ou aux galères qui pouvaient survenir dans la production.

Christian, complice de Miguel après de longues années, fabriquait les vingt-cinq corps correspondant aux manches. Au secteur montage François, paré de ses assistants chevelus Bruno et Cascaret, devait pareillement assurer la sortie de quelques vingt-cinq guitares ou basses par semaine et gérer les réparations qu'on continuait à nous amener.

Ils étaient bien au montage avec la cafetière et la mini chaine avec lecteur de cassettes. C'était là qu'il faisait le plus chaud l'hiver et le plus frais l'été. On les enviait un peu car ils tripotaient des guitares toute la journée. Aussi, quand on passait par là pour apporter des pièces ou parler avec François, c'était l'occasion de s'asseoir à côté de l'ampli et de gratter quelques accords sur une guitare qui subitement avait attiré notre œil.

    – Fais gaffe Fred, t'as failli y coller un pain !
    – Je fais gaffe, tu penses bien !

Michel était sur les starting blocks avec le nouveau projet planétaire de Jean Michel Jarre, qui envisageait de donner un concert géant sur les pyramides du soleil et de la lune à Teotihuacan, près de Mexico, au moment précis de l'éclipse solaire du 11 juillet. Rien que ça !

Avec un tel contexte architectural et temporel le projet était absolument passionnant et Jean Michel Jarre le défendait très bien auprès des autorités mexicaines, la plupart des autorisations étaient déjà accordées. Michel avait commencé à travailler sur le projet, il restait peu de temps.

Il avait aussi bossé sur les guitares. Il avait fait évoluer la C90 Thinline car cette guitare, avec sa forme plus classique et sa tête 3+3, était en train de conquérir le public. Le guitariste allemand Franck Nimsgern (Shaka-Khan, Billy Cobham) en avait une ainsi que Adrian Burns. On continuait à vendre tous les modèles du catalogue de l'année précédente, les Rockline, Custom, Collector's, Collection et les basses. On offrait une trentaine de finitions dont les « craqued » qui avaient fait craquer la clientèle LAG Heavy Metal.

On avait déjà évoqué le salon de Francfort pendant le voyage aux States avec Bruno. Etant donné qu'à présent il avait sa boite, il fallait savoir comment on s'organisait. Je lui avais dit que ce serait bien si on pouvait faire quelque chose avec Metal Hammer, puisque de toutes façons, ils étaient tout le temps sur notre stand.

Quelques jours après notre retour des States, j'avais appelé Bruno.

– Salut, ça va ? Alors on fait quoi pour Francfort cette année ?

– J'ai parlé avec Manfred, je suis allé les voir à Dortmund.

– Bon, et alors qu'est-ce qu'ils disent ?

– On va faire un truc énorme !

– Vas-y c'est quoi ?

– Eh bien plutôt que vous ayez un stand et moi un stand et Metal Hammer un autre stand pourquoi ne pas prendre un gros stand et se mettre tous ensemble ! ?

– Ben oui, c'est une super idée ! Et le stand ? On fait quoi, on amène notre matos ?

– Non, figure-toi que Manfred a un super pote à Hambourg, une des plus grosses boites de montage de scènes de concert en Allemagne tu vois, et il va nous mettre un pont d'éclairage et des structures métalliques tout autour du stand comme une scène pro. Et alors, figure-toi que moi, j'étais là tu sais, pendant que Manfred lui téléphonait, l'autre il lui dit qu'il a aussi un drakkar qui avait été fabriqué pour la tournée de concerts de Helloween, et il lui demande s'il le veut ! Tu parles ! Manfred fait oui, avec sa tête, tu sais, tout réjoui ! Donc tu vois le truc ! On va avoir un stand de cent vingt mètres carrés préparé comme une scène avec un drakkar au milieu ! Je ne sais même pas à quoi il ressemble ce drakkar !

– Bon, on amène des présentoirs, des posters, le logo, la vitrine, les catalogues des trucs comme ça, et on se débrouillera sur place.

– Oui c'est ça, Manfred m'a dit qu'il s'occupait du stand. T'as qu'à m'envoyer les guitares d'expo avec ma prochaine commande et vous, vous montez après quand vous voulez en bagnole.

Tout le monde était bien content chez LAG de ne pas avoir à s'occuper du stand pour une fois, on avait enfin notre distributeur allemand, et puis ça avait l'air plus sérieux que la collaboration avec ET, Vomi et Rognon.

On allait bien voir.

On en avait pris plein la vue !

Le drakkar était grand et réaliste, avec une proue en bois foncé qui s'élevait bien à deux-trois mètres du sol, et une sirène, belle à faire pleurer les marins. A la suite, le corps du navire en grosses planches de bois noir était transformé en bar, les ouvertures pour passer les rames transformées en petits comptoirs avec tablettes pour poser les verres, livrer les commandes. Des tables rondes et des chaises comme sur une terrasse de café emplissaient la moquette autour du drakkar et tout était puissamment éclairé comme dans une fête.

On avait groupé nos guitares sur des présentoirs écartés les uns des autres, ce qui nous amenait à nous déplacer sans cesse sur le stand et à rencontrer tous ceux qui s'y trouvaient, et de ce fait nos publics, à LAG et Metal Hammer, étaient doublés. Le monde faisait venir le monde. Les quatre hôtesses sélectionnées par Manfred, forcément sexy et de cuir peu vêtues, étaient très appréciées et servaient à boire comme des pros, rapidement et avec le sourire.

En permanence une dizaine de musiciens de tous âges, avec leurs fans et leurs amis aux cheveux longs, arborant blouson clouté et bottes de cuir, buvaient des bières, rigolaient, pendant que nous nous occupions de nos clients, faisant essayer les guitares, racontant des tas de choses avec de grands gestes, et des tas de curieux venaient sur le stand, posaient des questions et s'intéressaient à ce qui se passait là.

Le soir du premier jour de la foire, pendant que le public sortait lentement il y avait encore trente personnes qui buvaient et faisaient la fête sur le stand en écoutant du Heavy Metal. J'avais dit à Michel :

– Tu te rends compte cette ambiance !

– Ouais c'est vachement bien ! On avait trinqué en cognant nos verres.

Quand une des hôtesses s'était mise seins nus en dansant, suivie par les trois autres, et qu'un grand cri s'était élevé du bar où s'agglutinait la foule, on avait compris que ça basculait. Il était temps de quitter les fêtards. A demain les gars !

Le jour où l'on avait reçu Doro sur le stand, on avait eu peut-être trois cents personnes ! Yvon, « le Zonze », body Guard de la blonde et frêle Doro pour la circonstance, avait joué des coudes et des épaules dans son blouson de cuir pour lui frayer un passage à travers la foule. Il s'était acquitté avec un tel brio de cette tâche qu'on l'avait tous félicité.

Photos Doro et LAG, clic, clic, vas-y Stefan ! La foule se pressait autour des guitares LAG et de Doro qui signait des dédicaces à tour de bras et le grand hall de la foire commençait à se demander qui on était, comment on faisait pour mettre un tel souk, car pendant ce temps-là le public avait déserté les autres stands. Le drakkar projetait des jets de fumée, une file de fans attendait leur tour pour avoir une dédicace, je me trouvais avec Bruno et deux types de l'organisation de la foire qui buvaient un verre.

La discussion en allemand avait l'air bon enfant mais je comprenais qu'ils se renseignaient sur nous.

C'étaient des éclaireurs, tout le monde parlait de nous, même Meinl avait demandé qu'est-ce qu'il se passait sur ce stand et qu'est-ce qu'il foutait Bianchi ? Bruno en rajoutait, tout se passera bien vous verrez, et les types de la foire commençaient à se relaxer. Le stand était plein de monde. Sans doute pour mieux voir, deux de nos hôtesses avaient grimpé en haut de la proue, les seins nus, et enlacé la sirène en faisant de grands gestes des bras, on ne voyait qu'elles ! Les types de la foire en avaient avalé leur langue. On s'était levés. Les rockeurs chevelus et bardés de cuir rigolaient grassement, la bière giclait, les types de l'organisation s'étaient défilés sans qu'on s'en rende compte.

Le lendemain on avait dit à Manfred que les seins nus et les stripteases n'étaient pas autorisés sur la foire mais l'histoire avait fait du bruit et les jours suivants nous avions eu encore beaucoup de monde.

Tous nos distributeurs avaient passé commande, sensibles au changement d'échelle de LAG avec ce stand géant où il se passait toujours quelque chose. On leur présentait les musiciens de Rage qui étaient là presque tous les jours. Une autre fois, c'étaient le groupe Accept ou Pink Cream 69 ou Kay Hansen qu'ils ne connaissaient pas car ils n'étaient célèbres qu'en Allemagne ou en Autriche, mais cela ne faisait rien, ils étaient amusés et rassurés de voir tous ces fans des guitares LAG autour de nous.

Cette année-là j'avais rencontré Carlos Galindo qui allait devenir notre distributeur en Espagne. Carlos était un espagnol du nord, comme mon père. On se comprenait bien quand on parlait, on avait le même accent. Il était bon musicien, il avait plein d'idées et nous avions très vite beaucoup sympathisé. Je l'avais présenté à Michel qui me laissait carte blanche. Il avait un magasin de musique à Pamplona et avait écumé la péninsule en tant que représentant de Zubia. Il connaissait tout le monde et aimait les guitares LAG qu'il suivait depuis des années. Il avait vu le travail de Backline qui ne décollait pas et pensait faire beaucoup mieux. Il avait lui-même une basse LAG en noyer qu'il adorait et comme il jouait aussi avec un groupe qui tournait pas mal dans le nord de l'Espagne il m'avait convaincu qu'il avait les moyens de nous faire entrer sur le marché par la petite porte.

Souvent les outsiders étaient mieux placés que les distributeurs installés pour faire ce travail. Ça demandait beaucoup de talent pour la promo, et une grosse motivation pour faire des bornes, aller chercher des clients ou des guitaristes connus. C'était ce qu'avait fait Bruno en Allemagne.

Ce salon était exceptionnel par l'impact que nous avions eu tous ensemble, et cette exaltation due à l'ambiance sur le stand et à l'accueil public des guitares, nous avait soudain rapprochés tous les trois, Michel, Bruno et moi, comme le temps d'une fête. Et puis Manfred savait mettre son sourire au service de la bonne entente. Il nous accueillait jovialement le matin.

Pendant qu'une hôtesse nous préparait un café que nous dégustions tranquillement avec une cigarette, il passait des coups de téléphone. C'était la première personne que je voyais avec un téléphone portable.

L'appareil était gros et lourd comme une batterie de voiture, l'antenne gigantesque et le combiné, classique en bakélite, était relié au bloc par un gros câble téléphone à spirales. Il frimait Manfred avec son téléphone et il le trimballait partout avec lui malgré son poids. Je trouvais ça épatant, je ne savais même pas que ça existait, mais je n'avais pas envie d'en avoir un.

Au retour de Francfort on avait regonflé notre équipe avec les commandes et le récit du salon, et retrouvé les dures conditions de travail à l'atelier que le personnel affrontait pourtant avec courage.

Il ne faisait pas chaud le matin à l'usinage bois ou au ponçage. Béatrice qui arrivait la première au bureau montait le chauffage et lançait le café. On se disait bonjour, on parlait un peu, puis la journée démarrait. On avait fabriqué une guitare pour Michael Jones qui partait en tournée avec Goldman, et une autre pour Bob Kulick guitariste de Kiss et de Meat Loaf. Je la lui avais apportée moi-même, à son hôtel, à Paris, une magnifique Rockline serpent de couleur verte qui allait parfaitement avec sa veste léopard, son crâne rasé et sa moustache. Une autre Rockline serpent, mais rouge, allait avoir un autre destin.

— *François, tu te rappelles de la Rockline snake red toute pourrie, complètement râpée, avec des mécaniques toutes différentes, et à laquelle chacun dans la boite avait collé un pain ? Et qu'on avait fini par exposer plusieurs années de suite, avec un succès jamais démenti, dans le style « vintage aged custom » avant l'heure ? Comment ça avait démarré cette histoire ?*

— *Eh ben c'était une Rockline snake red que je devais monter, qu'était au planning, et ça faisait une heure que je bossais dessus, et je n'arrivais pas à la faire jouer, elle avait vraiment un problème, j'étais speedé et à un moment, j'ai ouvert la porte de l'atelier, j'ai gueulé bien fort, et j'ai balancé le corps de la guitare à travers la pièce, contre la toupie puis il a rebondi plusieurs fois sur le sol !*

— *Ah ouais dis donc, je me rappelais pas de ça !*

— *Donc après on a dit, qu'est-ce qu'on fait ? Eh ben, on va faire exprès une guitare naze, toute destroy, mais qui fonctionne tout de même. C'était ça qu'on avait décidé.*

— *Et chacun de nous dans la boite y a mis un coup ou lui a fait quelque chose. Moi je sais que je l'ai cognée et que j'ai un peu fait cramer les plastiques, les contours micros. Mais c'est surtout vous au montage qui avez déliré. Elle était réparée partout avec des plaques de ferraille, je me souviens de la clope sur la tête sous la corde, de l'attache courroie qui était un* boulon rouillé, des mécaniques dépareillées et des vis rouillées dorées, noires et chromes. Il n'y avait aucun micro pareil, les capots c'était n'importe quoi, les boutons c'était le délire.

— Et souviens toi, Cascaret avait mis une tranche de saucisson ainsi qu'une mouche morte dans la cage électronique, et comme la plaque était transparente on voyait le sauciflard et la mouche se transformer !

— Ouais, c'était unique cette guitare ; là encore on avait été les premiers à faire ce genre de truc. Et tu te souviens de ce qu'on avait écrit au feutre, au dos du manche ?

A LAG NEVER DIES !

— C'était bon ça ! Quelle devise !

— On l'a exposée à chaque salon et le public réagissait super bien, des gars voulaient l'essayer, elle fonctionnait.

— Dix ans plus tard allait démarrer la mode du vintage et de l'aged. Moi j'ai toujours aimé ça, tu sais. Cette guitare a été photographiée des centaines de fois. Y avait aussi celle dont Michel avait eu l'idée et dont le manche sortait à un autre endroit du corps, tu te souviens ?

— Oui, elle était parfaite d'un point de vue fonctionnel et aspect mais on aurait dit qu'elle était assemblée à l'envers, c'était un peu monstrueux, les cornes se retrouvaient vers le bas.

— Oui c'était comme le résultat d'un accouplement monstrueux, l'œuvre d'un luthier malade ou bourré. Elle s'appelait « What did I do last night ? »

*– Ouais ça avait vachement plu aux Danois je me souviens. Eux ils voyaient bien le luthier bourré ! Qu'est-ce qu'ils picolaient ! Tu te souviens quand ils étaient venus à Toulouse ?*

*– Oui, et il y-avait eu la hache, aussi.*
*– Oui, elle était magnifique cette guitare. On l'exposait sur un billot, le corps représentait la partie métallique d'une grosse hache de guerre sur laquelle Michel avait peint des reflets bleus sur le tranchant. Elle aussi, a été prise en photo. Et dis-moi, on n'avait pas fait aussi une guitare pour Birelli Lagrène ?*
*– Non, il avait joué à un festival de la guitare d'Aucamville et il était venu à l'atelier. Il avait pris une Rockline, c'était pas le style de guitare auquel on se serait attendu de sa part, et rappelle-toi, il avait fait des riffs d'enfer et joué du Floyd comme un pro. Il sonnait super bien, il nous avait estomaqués, et après il avait dit : c'est quoi là ? en montrant une basse. On lui avait passé la basse, et là il avait fait un festival de slap, d'accords et de notes à toute vitesse, un vrai prodige ce mec !*

De temps en temps une visite comme celle de Birelli émaillait le cours des journées et des semaines répétitives consacrées à faire tourner l'entreprise. Un jour, on avait vu débouler Carlos Creator, un guitar-hero Espagnol assez flamboyant. Il était venu tout seul de Bilbao, en voiture, et était reparti le soir même. Il nous avait offert son CD, très expérimental mais avec de bonnes choses, et il nous avait commandé une guitare sur laquelle il souhaitait voir reproduite une vierge à l'enfant dont il nous avait amené une image pieuse en guise de modèle.

Avec ses cheveux longs, noirs et bouclés jusqu'à la taille, son jeu de guitare nerveux et ses bondieuseries en colifichet, il avait un look très ibérique. Je l'avais revu une ou deux fois par la suite en Espagne.

Michel travaillait sur le projet de concert de Jarre au Mexique et se voyait déjà là-bas. Le souvenir du concert des Docklands, de ces instruments fabuleux qui avaient servi sous la flotte et qu'il avait fallu réparer, restaurer, animait profondément Michel qui rêvait d'un autre truc comme ça. Ce projet était très excitant, et moi-même, je commençais à envisager l'idée d'assister au concert pendant mes vacances, et ensuite de rendre visite à Mariane, ma sœur, partie vivre au Mexique et que je n'avais pas vue depuis des années. C'était un projet de vacances très excitant lui aussi, et j'avais fini par prendre des billets pour toute la famille, et à préparer ce voyage.

Lorsque la nouvelle de l'annulation du concert était tombée, quelques semaines avant notre départ, on avait tous été catastrophés. Evidemment, je ne pouvais plus annuler, mais j'étais gêné et ennuyé car Michel était immensément déçu, et pour lui et Innov'art, c'était un coup dur. J'étais culpabilisé et sentais confusément que ce voyage n'allait pas aider à nous rapprocher Michel et moi.

Cela ne m'avait pas empêché, une fois parti, de passer trois semaines absolument fantastiques. D'abord à Mexico City et àTeotihuacan où j'avais assisté à l'éclipse solaire, à l'endroit précis où devait avoir lieu le concert.

Un moment exceptionnel et inoubliable, avec une trentaine de personnes massées au sommet de la pyramide du soleil, à soixante-cinq mètres du sol. Quand la nuit était brutalement tombée en pleine journée, le vent s'était mis à souffler et des gouttes de pluie nous avaient mouillés, avant que le soleil ne revienne nous sécher, quatre ou cinq minutes plus tard. Tout le monde criait, sautait sur place tellement c'était fort !

Nous étions ensuite partis à Oaxaca et à Puerto Angel sur le Pacifique, puis nous avions rejoint ma sœur à Tuxtla Gutierrez, et visité Palenque et le Chiapas avec elle.

J'étais rentré en plein mois d'aout gonflé à bloc, et j'avais refait tous les tarifs. Progressivement avec les retours de congés la fabrique s'était remise à tourner, le téléphone à sonner. Dans les bureaux on organisait les plannings, gérait la trésorerie, on payait les quelques vingt bulletins de salaire (en incluant les représentants et les apprentis), on suivait les clients. A l'atelier on créait de nouveaux modèles et on fabriquait et livrait tous les mois une centaine de guitares.

Autant dire qu'on ne chômait pas, on était même saturés par les taches. Michel intervenait toujours au secteur vernis. Je participais encore souvent à l'emballage mais depuis qu'on avait les housses LAG matelassées made in RFA, c'était plus rapide qu'avant. On mettait la guitare dans la housse et celle-ci directement dans le carton, pas besoin de cales de protection comme à l'époque où on livrait les guitares sans housse !

On s'était séparés de Caro avec l'abandon du projet Jarre. Je travaillais beaucoup avec Béatrice qui était amicale, sérieuse et rapide et qui avait le même rapport que moi à l'argent et à la gestion en général. Elle était carrée sur les trucs à payer et le fric à faire rentrer et j'appréciais beaucoup ses qualités. Elle m'apportait le café le matin à 10.00 heures, et parce que je ne le lui avais pas demandé, j'acceptais avec plaisir ce rituel qui rythmait nos matinées. Khedy s'occupait du fichier client export. Elle s'en sortait bien. Parfois quand elle raccrochait le téléphone elle partait d'un grand éclat de rire et disait quelque chose à Béa. Depuis mon bureau, portes ouvertes, je comprenais que ça s'était bien passé avec le client.

Michel et Innov'art avaient entrepris une collaboration avec Martin Garat et le groupe Oïo, qui avaient sorti un disque de world music et d'électro avant l'heure avec un certain succès. Comme Jarre, Martin voulait des instruments innovants pour ses concerts et Michel et Vincent se creusaient la cervelle. Un samedi frisquet, dans l'atelier, autour d'une table couverte des restes d'un repas, nous étions Michel, Martin Garat, Vincent Maury, Bruno Bacon un stagiaire, Peter de Carcassonne et moi, vêtus de gros pulls de laine, réfléchissant et discutant dans un grand bouillonnement créatif. Michel adorait ces séances et il était de loin le plus participant.

De temps en temps je voyais Mme D, mon amie, une petite demi-heure. Ce n'était rien et c'était tout. Que m'arrivait il ?

A la Toussaint avait lieu le festival de la guitare d'Issoudun où l'on exposait depuis 89, quand Marcel Dadi l'avait lancé et nous avait invités à y participer. A l'époque il se tenait sous la halle et c'était là que j'avais fait la connaissance de Maurice Dupont. Il était juste à côté de nous et faisait de très belles guitares acoustiques dont on disait qu'il ne savait pas jouer, ce qui était quand même assez rare. Sans doute avait-il appris depuis ?

Cette année à Issoudun j'avais rendez-vous avec un guitariste de Nancy, Alain Aimé, à qui je devais livrer une guitare LAG toute nouvelle.

Avait-on besoin de sortir des nouveaux modèles tous les ans ? Oui, on en était persuadés. Charvel, Jackson, Ibanez, Washburn, Epiphone, Yamaha, Fender pour ne citer qu'eux, exposaient de nouveaux modèles ou des versions signature tous les ans, et c'était ce qui se vendait ensuite dans les magasins. On ne pouvait pas vendre que des Rockline. Le marché était très concurrentiel et il nous fallait vendre de plus en plus de guitares à présent pour nous en sortir.

Avec les années 90 on avait basculé dans un monde moins marrant et moins expérimental, avec un retour aux valeurs sûres, ce genre de choses, et dans le monde de la guitare cela se traduisait par exemple par un retour au bois naturel. Une belle pièce de bois en finition naturelle, bien taillée, donnait confiance en la facture et en la qualité de l'instrument. Washburn avait frappé fort avec sa model N, Nuno Bettencourt, au corps taillé dans un beau morceau d'aulne ou de padouk huilé. Au niveau équipement de la guitare, Floyd ou micros, c'était ni plus ni moins que ce que nous proposions déjà, mais le concept était excitant, très brut, très rock et cela touchait le public. Les gens en avaient marre des finitions noires. Et nous aussi !

Ce nouveau modèle que j'amenais à Alain Aimé, on l'avait baptisé The Beast, La Bête. Bestiale quand on la jouait et Belle quand on la contemplait avec son manche blanc et son corps blond satiné. Sans faire de jeu de mots, Alain avait aimé. La guitare lui allait comme un gant, simple et naturelle, comme lui. Il la portait sur l'épaule dans une attitude décontractée sur le poster que nous avions réalisé pour la promo.

La finition satinée sur les courbes du corps était douce au toucher mais on sentait la bête prête à rugir. Il suffisait de porter son regard sur les grosses frettes nickel argent plantées dans le manche, le micro Di Marzio zébra vissé directement dans sa cavité. On avait envie de pousser et de tirer la manette du vibrato Floyd encastré, de faire un bend sur les dernières cases creusées profondément dans l'érable, et d'accorder cette tête inversée où brillaient six mécaniques chromées. Il y avait du contraste dans cette guitare et c'était ce qu'on aimait. Très vite on avait commencé à la commercialiser ce qui avait bien participé à gonfler les plannings.

Décembre arrivait et nous n'avions jamais autant vendu qu'en cette année 91. Environ 1100 guitares LAG vendues, et un chiffre d'affaires HT de six millions de francs dont 46% à l'export. Je sentais confusément que ce n'était pas normal, pas logique. Le monde entrait en récession avec cette guerre j'en étais sûr. On continuait à nous passer des commandes à cause de l'inertie des habitudes mais je sentais qu'on était allés au bout d'un système, que cette année serait la dernière de ces années d'insouciance et de réussite prolongées.

Nous étions treize personnes salariées plus les VRP et nous étions débordés. Les ventes de Bogner étaient confidentielles car le Fish était cher, mais on en plaçait un de temps en temps et c'était bon pour notre image. On vendait les cordes LAG et les magnifiques courroies en cuir « South Brother » que fabriquait Fano un copain du Zonze à Montpellier. On poursuivait l'effort sur les Spitfire, Peterson, Reflex, Marathon, et tout ça, avec la gestion du personnel, des clients et la production de 100 guitares par mois, c'était beaucoup de travail .

On commençait à fatiguer, tous autant que nous étions. Les choses n'étaient plus aussi enthousiasmantes qu'avant. Nous étions plongés dans la production, les ventes, l'équilibre des comptes, et n'arrivions plus à désirer ou à imaginer quelque chose de nouveau. Les années se répétaient rythmées par les salons et même si la lassitude gagnait, on répondait tout de même présent.

## 1992 Anniversary, Dweezil Zappa, Motorhead, Mama's boys, Bédarieux.

Pour les dix ans de la Sarl LAG, on présentait une gamme de douze nouveaux modèles de guitares et de basses, et on lançait un service de guitares sur-mesure appelé Custom Shop Series. Cela ne s'était pas fait d'un coup. L'année précédente déjà, des modèles comme The Beast avaient émergé et Michel avait fait un travail considérable de dessins et de prototypes au cours des derniers mois. Il avait retravaillé la C90 Thinline et créé le modèle Roxanne, qui était un peu un retour aux sources pour lui.

Il aimait dessiner ce type de guitares et il était très bon là-dedans. Je l'avais toujours vu plus Gibson que Fender même s'il n'avait pas rechigné à faire la gamme Beast par exemple. Pour marquer les dix ans de notre société il avait eu une idée assez visionnaire. Il avait fabriqué une grosse guitare électrique à caisse, esprit Gibson ES 355, avec chevalet et cordier jazz, table érable moucheté sunburst et le traditionnel « F hole », des filets partout, des blocs de nacre, une guitare très luxueuse qu'il avait baptisée Anniversary.

La nouvelle gamme LAG, tout en offrant comme toujours des modèles plus accessibles comme la Beast, restait carrément haut de gamme avec l'ensemble des Roxannes. Michel s'était aussi penché sur les basses et avait dessiné la série Force qui sortait résolument de tout ce que nous avions fait jusqu'à présent. Manche lamellé collé traversant, corps naturel noyer et érable moucheté, grandes cornes, micros Bartolini, électronique active. Un instrument haut de gamme, en quatre, cinq ou six cordes, avec ou sans tête, pour slapper et faire la musique des années 90. Le design des Force plaisait énormément, c'était autre chose que la légendaire Précision, vue et revue, et que nous jugions dépassée (!)

Ces nouveaux instruments en finition naturelle coutaient plus cher à produire et nous ne pouvions pas trop sortir malgré tout de notre gamme de prix habituelle, car déjà la crise post guerre du Golfe commençait à frapper les économies partout en Europe. On pariait sur ces nouveaux modèles pour relancer les ventes mais la rentabilité n'était pas assurée tant qu'on ne savait pas combien on en vendrait. La concurrence étrangère s'était renforcée avec des produits de plus en plus compétitifs qui grignotaient notre créneau. J'étais un peu inquiet en ce début d'année, un peu plus que d'habitude peut-être ; quant à Michel il ne laissait rien paraitre, aussi je ne savais pas trop comment m'y prendre pour en parler. On avait déjà connu des moments semblables et ça s'était finalement arrangé, alors, drive on ! Voilà ce que je me disais.

J'étais parti avec Bruno au Namm, avec quelques guitares sur le dos, pour exposer sur le stand Bogner. On amenait les guitares et Bogner les amplis, on partageait le stand, c'était moins cher pour nous. On essayait de faire prendre des LAG à Greg de « Making Music » mais il hésitait.

Il y avait toujours beaucoup de monde sur le stand, surtout des musiciens, des types qui venaient là en tant qu'amis de Reinhold, et qui faisaient un peu comme s'ils étaient chez eux, coke comprise. Tout le monde était défoncé sur ce stand, sauf moi, qui n'avais jamais pris de coke de ma vie. Régulièrement un gars disparaissait au fond du stand, dans l'espace entre le mur et le rideau, il se poudrait le nez et ressortait comme par magie quelques instants plus tard. C'était un manège permanent auquel personne ne prêtait attention. Tout le monde debout discutait de façon volubile comme si le monde à l'entour n'existait pas. Je voyais peu de gens intéressés par les guitares. On n'avait pas les contacts, et peut-être les clients « raisonnables » ne se risquaient-ils pas à entrer sur ce stand qui ne ressemblait pas trop à ce que nous faisions d'habitude.

La bonne nouvelle, c'était que Jean Larrivée avec qui j'avais sympathisé et qui nous aimait bien Michel et moi, nous avait confié la distribution de ses belles guitares acoustiques canadiennes pour la France. J'étais ravi et j'espérais qu'on allait faire du bon travail et un peu de chiffre avec cette ouverture sur la guitare acoustique que nous n'avions pas jusque-là.

On avait aussi retrouvé Yvan Taïeb, notre vieux copain de Pigalle qui était sur le stand Seymour Duncan.

– Eh mec ! Qu'est-ce que tu fais là ?

237

– Waou Fred ! Eh bien je bosse avec Duncan, je fais la vente, l'export, à la fabrique à Santa Barbara.

– C'est bien, t'es content ?

– Ouais j'adore, l'ambiance de travail, tout. Venez, on peut y aller demain, ce n'est pas loin, il faut compter deux heures à peine.

Le lendemain on était partis dans notre voiture avec Yvan. Allongé sur la banquette arrière, Bruno malade comme un chien divaguait. Trop d'excès. Il ne voyait pas la côte sauvage, les dunes de sable ocre et les rouleaux écumants du Pacifique. J'avais visité longuement tout le site de production avec Yvan, puis on avait fumé une clope sur le parking. Il était temps de rentrer sur L.A, direction Hollywood Hills pour retrouver dans une rue tranquille, Dweezil Zappa, le fils du maitre !

On avait fait la rencontre de Dweezil au Salon de Paris en Septembre l'année précédente. Un jour un jeune gars bronzé et décontracté, sapé proprement, des cheveux longs noirs bien peignés nous avait abordé sur le stand.

– Salut, je suis Dweezil Zappa, le fils de Frank Zappa.

– How do you do ? fait Michel en lui serrant la main.

Il parle anglais et un peu de french et nous explique qu'il veut se renseigner sur les guitares LAG.

– Je passe des vacances souvent en France, l'été, chez des amis de mes parents. Et là je trouve une guitare et tous les ans je joue sur cette guitare en vacances et je l'aime bien, vraiment !

On l'écoute ébahis, un peu sidérés par cette déclaration d'amour faite si naturellement par ce jeune homme qui est quand même le fils de Frank Zappa.

– Je vois LAG sur la tête, je ne connais pas cette marque LAG. Qu'est-ce que c'est ? Je me dis je vais les voir au Salon et c'est pour ça que je suis ici, je suis venu exprès.


On l'avait fait asseoir, on l'avait entouré. On avait vite compris qu'il ne fumait pas, qu'il buvait exclusivement des jus de fruits, qu'il était très clean. Michel et lui avaient beaucoup parlé de guitares, je n'avais pas tout suivi car il fallait aussi s'occuper des clients et des visiteurs, mais au final il voulait qu'on lui fabrique une guitare LAG.

Michel et lui avaient communiqué sur la guitare mais profitant de notre passage à L.A nous avions pris rendez-vous pour préciser des détails avec lui tant sur l'instrument que sur les conditions de la remise à Francfort dans deux mois. Nous étions là Bruno, Yvan et moi, dans le studio de Frank Zappa à attendre que Dweezil et Ahmet son frère aient terminé leur séance. On était crevés, décalés, on s'assoupissait à moitié. Enfin on l'avait vu. On s'était un peu réveillés en mangeant des tartes et en buvant des jus de fruits en compagnie d'Ahmet plus marrant que son frère.

Dweezil avait finalement opté pour un modèle Custom shop, une Blues Deluxe bleue, plaque de protection blanc nacré, manche maple, tête strat.

Pour le dernier soir à Anaheim on avait mangé avec Reinhold Bogner, Georg et d'autres copains musiciens dans un restaurant indien à une table toute en longueur à la lumière des bougies. En face de moi Reinhold avait passé tout le temps du repas du début à la fin à pleurer à chaudes larmes. Quand on l'interrogeait, il répondait « ça va ! » les yeux rouges et tout mouillés. Il avait avalé je ne sais combien de pilules d'ecstasy, je n'avais jamais vu un truc comme ça. On avait laissé trois guitares à Danny et on était rentrés en France le lendemain.

Quelques jours après mon retour, Michel m'avait raconté que Joël, notre associé qui avait le magasin de motos, souhaitait nous rencontrer pour nous parler de quelque chose d'important. Je ne voyais pas de quoi il voulait nous parler.

Lors du rendez-vous, Joël était venu accompagné d'un collègue, un ami, nommé Nicolas, qu'il avait rencontré au cours d'une formation. Joël avait l'habitude de suivre des stages et de se former pour améliorer la gestion de sa boite. Il nous en parlait lors des AG et il nous donnait des conseils. Nous trouvions quand même qu'une fabrique de guitares était plus complexe qu'un magasin de motos, même s'il y avait bien sûr des tas de points communs.

Nicolas était un ex directeur des mines de Carmaux dont l'exploitation avait cessé au fil des années 80 et il savait très bien que la région, les communautés locales et l'état, avaient tout un plan de reconversion du territoire, et d'aides à la création d'entreprises. Joël avait tout naturellement parlé de LAG avec Nicolas, et pendant la formation, tous les deux avaient imaginé à titre d'exercice un projet d'installation de l'entreprise, dans des locaux neufs avec machine à commande numérique et installations industrielles, à Bédarieux, où une pépinière d'entreprises devait voir le jour. Ensemble ils avaient élaboré un bilan et un compte d'exploitation prévisionnel et c'était de ce projet qu'ils étaient venus parler. J'avais été quelque peu surpris et je m'étais même carrément fermé au début car j'avais pris cette nouvelle en pleine figure. Je me sentais mis devant le fait accompli et je n'aimais pas trop ça. Progressivement, au fil des arguments, des prévisionnels, des financements que l'on pouvait obtenir, ce sentiment s'était estompé dans le cours de la rencontre. Pourquoi pas après tout ?

On avait certainement besoin d'une remise à plat de notre outil de production. Nos concurrents étaient tous équipés de machines à commande numérique, et puis c'était vrai que le local de Moulis ne pourrait pas nous abriter très longtemps. Un nouveau plan de financement était quelque chose d'intéressant. Michel était à fond pour ce projet qui répondait à de très nombreuses demandes de sa part en matière d'équipements, de conditions de travail, d'organisation.

De mon côté j'étais partagé, il me semblait que je n'avais pas le temps de penser à ça, cela me paraissait énorme, en plus du travail que l'on accomplissait déjà. Et puis je me disais que ce n'était pas pour tout de suite et qu'on verrait bien comment tout cela évoluerait. Pour Michel, la chose était entendue et je voyais que ce projet d'usine lui redonnait des ailes et de l'espoir.

En attendant le catalogue sortait de l'imprimerie, dix pages quadri standard avec en couverture, couchée sur un lit de copeaux, le corps d'une guitare blues sunburst, magnifiquement éclairée et parée de sa plaque écaille aux incroyables dessins. A l'intérieur une gamme de guitares et de basses à la lutherie raffinée mais reflétant des styles différents et une identité peut-être moins affirmée qu'auparavant. Presqu'un catalogue de généraliste de la guitare, mais nous n'en avions pas conscience. Il nous fallait maintenir le volume de production et le chiffre d'affaires, on se sentait pris dans un système implacable. Comme pour confirmer mon pessimisme, les ventes en ce début d'année avaient marqué un net recul comparé au rythme effréné de l'année précédente.

Un matin un peu avant midi, Béa m'avait passé Bruno au téléphone :

– Fred ! Je suis allé à Ravensburg au concert de Motorhead, ouais Manfred m'avait invité, comme d'habitude, et tu sais quoi ? Phil Campbell veut une guitare !

– Ah ! Ouais ! Super !

– Alors on a convenu qu'on se verrait à Francfort pour discuter de tout ça, de la guitare, et puis en première partie ils avaient un groupe d'Irlande du Nord, les Mama's Boys, trois frères vachement sympas, et eux aussi sont intéressés.

– Ah ! Bon ? Figure-toi que je crois que Rose Morris les a contactés aussi.

– Oui ils sont assez connus en Angleterre, ils ont tourné aux Etats Unis, ils ont fait des premières parties, ils ont joué avec Bon Jovi, Iron Maiden, et puis tu sais ça nous fera des endorsers, on en a besoin pour vendre les guitares.

La nouvelle de l'arrivée prochaine de Motorhead dans la LAG family nous avait redonné la pêche et on racontait cette histoire à tout le monde, même si la grosse fierté eut été d'avoir pu refiler une basse à Lemmy ! Mais là c'était vraiment difficile tant le bougre aimait sa Rickenbacker*.

François avait fait la rencontre de Michel Cusson le guitariste du groupe de jazz fusion canadien Uzeb quelques mois plus tôt et comme on avait une belle photo de Cusson avec la LAG, on en avait fait un poster pour Francfort. On avait aussi celui d'Alain Aimé, de Bob Kulick. On avait fait deux nocturnes, Michel, François et moi, dont une jusqu'à deux heures du matin, pour terminer guitares et préparatifs de Francfort, et à présent il nous tardait de nous retrouver là-haut sur la foire.

La scène était dressée comme l'an passé, le drakkar à la même place avec les filles, les tables et les parasols. C'était génial de se retrouver là, on était enthousiastes. Les guitares étaient superbes et le soir avec le monde, les lumières et l'alcool, l'ambiance était terrible. On discutait avec un tas de gens.

— *Je me souviens, me disait Bruno l'autre jour au téléphone, Phil Campbell était venu avec son road et deux des frères Mc Manus d'Angleterre, j'étais allé les chercher à l'aéroport, je les avais mis au Mariott.*

— *Ah ! C'est toi qui avais payé les piaules, je ne m'en souvenais pas ?*

— *Oui, eh ! Je ne te disais pas toujours ce que je payais ! Ce qui m'a fait le plus mal ça a été la note du bar ! Je ne te raconte pas, ils avaient sifflé tous les minibars et commandé de l'alcool en plus, je sais plus pour combien de marks, mais ça m'avait couté une fortune !*

— *Je vois, Phil la jouait rock star.*

— *Plutôt super prostituée parfaite du rock'n'roll.*

— *T'es pas un peu sévère là ?*

— *Non.*

On les avait accueillis et installés près du Drakkar, ils étaient très contents d'être là et de signer des autographes. Les Mc Manus étaient impayables, cheveux longs et cuirs noirs, jamais l'un sans l'autre et extrêmement gentils. Stefan faisait la moisson de photos, debout assis, avec guitares, avec Michel. Bruno discutait sans arrêt, avec les mains et en allemand, et puis parfois il revenait vers nous en se marrant pour nous raconter ce que lui avait dit le mec et il nous parlait encore en allemand jusqu'à ce qu'il constate à notre mine étonnée qu'on ne comprenait rien. Michel et Phil

Campbell avaient bien discuté et c'était vers un modèle Explorer-LAG qu'ils avaient semblé se mettre d'accord.

J'avais flashé sur les Converses en tissu écossais de Phil et je lui en avais fait le compliment. On avait rigolé. Puis Phil et les Mc Manus avaient rejoint leurs fans et avaient disparu dans les allées du salon.

   – *Doro était venu cette année encore, poursuivait Bruno au téléphone. Je l'avais mise à l'Intercontinental avec son manager, Alex Grobe, un gars qui avait un studio à Montreux en Suisse et avait participé à l'enregistrement de « Smoke on the water » de Deep Purple. C'était l'incendie du Casino de Montreux et cette fumée flottant au-dessus de l'eau qui avait inspiré la chanson qui allait devenir le plus grand succès de Deep Purple, tu le savais ?*

   – *Non, mais ce riff de guitare ! Je crois bien que tout le monde sur terre l'a joué, et même ceux qui débutaient à la guitare tentaient de le faire tellement il était facile à retenir, il restait dans la tête.*

   – *Voilà, et donc on a fait aussi avec Doro comme l'an passé. Peut-être un peu moins de monde ?*

   – *Je ne sais pas mais pour nous c'était moins excitant, du déjà-vu. Mais surtout on avait reçu Dweezil Zappa !*

   – *Ah ! Oui ! Alors lui, complètement anti fumeur. Je me rappelle il était venu en avion et j'étais allé le chercher à l'aéroport tu sais avec ma grosse Audi qui montait à 300 ! Je pensais que ça allait lui faire plaisir* d'être amené dans une bagnole pareille mais non, pas du tout, ça ne lui avait pas plu du tout !

— C'est vrai, il n'était pas comme ça. En tous cas il avait semblé très heureux quand on lui avait offert sa Blues bleue. Je me souviens, il était un peu timide. Il était jeune, il n'avait que vingt-trois ans. Il jouait bien mais je ne sentais pas vraiment son style ou sa personnalité encore.

— N'empêche, ça a été un bon investissement pour nous, tout comme Phil. Je me rappelle tout le long de l'année 92 ils étaient en tournée avec Motörhead dans le bus en Allemagne et ils s'emmerdaient là-dedans alors il m'appelait.

— Qui ?

— Phil ! Il me téléphonait, il voulait me voir ! Une fois j'y étais allé car ils jouaient à Zurich, pas loin de chez moi. Après le concert Phil s'était pointé avec Lemmy qui voulait voir des putes. Tu vois le truc ? On se retrouve tous dans ma bagnole à sillonner le centre de Zurich à la recherche d'un club forcement louche et on tombe sur un truc de luxe le Gloria je crois.

— On se pointe et là les types de la sécurité refusent de nous laisser entrer ! Et moi j'explique : Eh ! Vous savez pas qui c'est ? C'est Lemmy de Motörhead ! Les types n'en avaient rien à secouer. Lemmy a dit : Ciao je vais me chercher une pute. Et il s'est barré, à pied. Avec Phil on est entrés dans un club où on a bu un coup et où il a pu trouver de la dope. A l'hôtel quand on est arrivés au petit matin, Lemmy était là, et il avait trouvé ce qu'il cherchait (!)

— Quelle histoire, Bruno !

246

*— Ouais, moi là, à cette époque, j'avais une vie totalement chaotique, je courais d'un endroit à l'autre, la nuit, je ne dormais plus. Je les avais revus à Dusseldorf, en décembre avec Saxon et Rage, et c'est là que je lui avais remis sa guitare, l'Explorer LAG.*

L'ambiance autour du drakkar était aussi chouette que l'an passé. Julie, ma fille, nous avait accompagnés et validait un stage de BTS commerce international. Elle était entourée de jeunes et profitait pleinement du séjour. J'avais revu Larry Di Marzio dont j'adorais le style vestimentaire, pantalon de costard et bottes texanes en peau de lézard. C'était simple, plus on lui commandait de micros et plus il nous appréciait !

La foire avait été active mais moins que l'année précédente. Les clients avaient du stock et se laissaient moins entrainer par les nouveautés. On avait quand même vendu près de cent guitares et la gamme 92 plaisait.

A notre retour était prévue une réunion Sofirem pour le financement du projet Bédarieux avec déplacement le lundi sur le site. Je n'y étais pas allé. J'avais pris le prétexte d'un besoin de placage et j'étais parti dans ma R25 chez St Loubert à Eauze dans le Gers. Au passage j'avais vu Mme D un moment. Je profitais de ces parenthèses sans culpabilité, comme si elles étaient nécessaires à la vie que je menais à présent. J'y retrouvais quelque chose que j'avais perdu, une exaltation, un sentiment de liberté. Et pour ça j'étais prêt à tout.

– C'est normal ! C'est la « mid life crisis » me disait Bruno en dédramatisant. J'abordais parfois ces sujets avec lui car il n'avait pas été avare envers moi de détails sur sa vie amoureuse ou conjugale, et il n'y avait qu'avec lui que je pouvais parler de ces choses-là.

La situation de la boite me préoccupait aussi mais je n'arrivais pas à en parler avec Michel. Il me savait critique sur le projet Bédarieux auquel il était favorable, et partant de là, nos points de vue, nos décisions, avaient du mal à coïncider quel que soit le sujet à court ou à moyen terme. Alors on évitait de parler. Je sentais vaguement que je vivais la même chose dans mon couple. Dur !

Je ne me décourageais pas, je faisais les tâches quotidiennes, les coups de fil, la trésorerie, la gestion, les déplacements à Paris, m'occupais des bancs d'essai, des représentants, de la pub, des tas de choses.

Je bossais encore ainsi que Michel, le samedi matin, pour faire des appros, des courriers, envoyer des documents au responsable du projet de pépinière à Bédarieux. Mais je n'avais plus la niaque. Après tant d'années enthousiasmantes au sein de la team LAG, et dans une vie de couple et familiale qui me convenait globalement, je me trouvais depuis quelques mois dans une zone de dépression toute nouvelle pour moi. Un drôle de calme plat, de ceux qui précèdent la tempête, mais je ne savais pas d'où elle allait venir ni quand elle allait se déclencher.

Sur mon portable « machine à coudre » je me formais au logiciel de gestion commerciale que nous avions acheté, car c'était tout nouveau pour moi. Jusque-là l'informatique s'était limitée, en ce qui me concernait, au traitement de texte. A présent je passais tout mon temps en dehors des urgences et des coups de fil, à créer des familles, des sous familles et tous les articles que nous vendions. Je pouvais faire un travail cohérent et cela me passionnait. Et pour les tarifs plus besoin de machine à calculer !

Nous avions commencé à créer des points de vente Larrivée et à nous confronter au problème des délais de livraison depuis le Canada, car il y avait beaucoup d'options dans la gamme et il nous aurait fallu plus de stock pour bien faire tourner les commandes.

Le stock c'était de l'argent, et il en fallait beaucoup pour dégager une trésorerie positive. A cette époque-là, les magasins payaient encore par traites, à soixante et quatre-vingt-dix jours, mais nos fournisseurs internationaux ne faisaient pas crédit. On avait toujours besoin d'argent et depuis le début de cette année on travaillait avec Factor France Crédit qui rachetait nos factures et s'occupait de gérer les créances impayées. Mais ça avait un coût.

Une partie des guitares Larrivée étaient exposée avec quelques modèles LAG sur les murs de l'escalier qui menait à nos bureaux. Cela nous permettait de les présenter facilement aux visiteurs. J'étais là dans l'escalier lorsqu'un livreur UPS était arrivé. Nous étions parmi les premiers clients de Florence B, la dynamique directrice de l'agence UPS de Toulouse qui venait d'ouvrir.

– Un colis pour moi, j'avais fait, intrigué ? Moi perso ?

J'avais ouvert, et à l'intérieur il y avait une paire de Converse en tissus écossais et un mot de Phil Campbell me disant qu'il les avait passées à la machine à laver et qu'il me les offrait ! Je n'en revenais pas, et en plus c'était ma pointure !

Jusque-là j'avais surtout porté des bottes et bien sûr des Santiags, tout comme Michel et François.

Ah ! Ces boots pointus au talon fuyant, à la semelle dure et étroite qui donnaient une démarche de cow-boy après une longue journée de cheval ! A Los Angeles, dans un magasin sur Melrose, on avait même trouvé une sorte de harnachement en cuir noir, décoré de conchas argentées, à mettre par-dessus les tiags, et dont la chaine chromée qui entourait le pied cliquetait à chaque pas comme des éperons imaginaires. J'en avais porté des trucs comme ça, et j'adorais ça, mais les Santiags m'avaient tellement bousillé les reins que l'arrivée inopinée de cette paire de pompes finition écossaise avait changé ma vie. Depuis ce jour je n'avais plus porté que des Converse, et j'en avais à présent toute une collection. Thank you Phil !

On cherchait toujours des endorsers et on venait justement de faire un deal avec Rudy Roberts, un jeune guitariste Nantais très doué, qui jouait une Rockline Snake et qui tournait pas mal avec son groupe. On balançait des pubs en noir et blanc avec Phil et Dweezil.

Les ventes en France se maintenaient, mais l'export baissait nettement et pas seulement en Allemagne.

Nous avions bien préparé le Salon de Paris qui avait lieu Porte de Versailles. Béa s'était activée sur un mailing aux revendeurs avec tarifs et invitations. Nous avions pris des guitares supplémentaires à laisser en bancs d'essais chez Guitarist, Sono, Guitares & Claviers. Nous avions invité les Mama's Boys qui étaient venus à trois, Pat, John et Adrian, le roadie de John, à nos frais bien sûr.

Bruno était venu spécialement pour nous prêter main forte et voir un peu ce qui se passait au niveau business à Paris. On dormait tous intra-muros chez des amis ou de la famille. Le premier soir du salon, après le repas, sur le banc d'un jardin public, je m'étais laissé tenter et j'avais pris un peu de coke avec Bruno. Quand on s'était séparés, chacun pour retrouver sa piaule, j'avais traversé tout Paris à pied avec ma valise à la main, me répétant que décidément cette dope ne valait rien.

— Ça ne me fait rien du tout ce truc, je marmonnais.

Deux heures après j'étais arrivé à destination. J'avais grimpé d'une traite les sept étages avec ma valise par un étroit escalier mal éclairé et une fois arrivé en haut devant la porte de l'appartement, avant de frapper, j'avais eu un éclair de lucidité et je m'étais dit :

— Si, ça fait quelque chose !

Le lendemain et les jours suivants avaient été très actifs sur la foire, on était nombreux et on turbinait comme des abeilles. Joël Derobert, Jose Burgos, Yvon « Le Zonze », amenaient des clients de leurs secteurs pour leur montrer les nouveautés. Thierry Pontet faisait des démos d'un milliard de notes avec veste en cuir à franges et cheveux jusque sur le manche. Joce nous rendait visite ainsi que tous les journalistes de la profession et on bavardait. Michel avait rencontré un anglais du nom de Keith Parker qui avait déposé un brevet pour une guitare pliante. Son proto était moche et il pensait qu'en faisant fabriquer une LAG repliable (avec vibrato Floyd, montage de la guitare accordée en moins de deux minutes), il aurait une meilleure publicité. Nous avions fabriqué et exposé ses guitares par la suite à Paris et à Francfort. La guitare tenait dans un grand attaché case.

Quelque temps après notre retour de Paris Anastasios Liolios, le grec, était venu nous rendre visite à Toulouse. A cette occasion, Fouad, petit tunisien barbu, opérateur sur les machines à bois à cette époque chez LAG, était venu nous trouver :

– Ma femme a fait le couscous en l'honneur de Mr Tassos et donc on aimerait pouvoir vous amener le couscous à midi, vous êtes d'accord ?

– C'est une super idée ! on avait dit, un peu surpris quand même.

Et donc à la pause on avait mangé le couscous tous ensemble sur des chaises dans l'atelier au milieu des machines et ça n'avait pas déplu à notre ami grec.

Courant octobre on avait signé, à Bédarieux, le contrat de location-vente pour le local qui était presque achevé. Je trouvais que cela allait un peu vite car on n'avait parlé de rien. A quoi allait ressembler notre vie si l'usine était là-bas ? Qui d'entre nous souhaitait partir vivre et travailler dans l'Hérault ? On n'avait pas eu le temps, ni posé la question collectivement, comme si ce questionnement était un peu tabou, comme si ce qui se préparait ne pouvait être que bénéfique.

Certes il y avait un grand élan autour de ce projet et nous avions besoin de gens avec nous. Cela nous dynamisait, nous apportait un soutien extérieur à un moment où nous étions un peu affaiblis en termes de ventes et de capacités financières et stratégiques. J'en étais conscient et je ne souhaitais pas entraver quoi que ce soit, mais autant je pouvais imaginer une unité de production « au vert », à la campagne, si ça nous permettait de mieux nous en sortir au niveau production, en faisant une sorte de délocalisation, autant je ne pouvais imaginer une seconde que l'entreprise LAG quitterait Toulouse.

Pour moi le siège social devait rester à Toulouse et je l'avais défendu lors d'une réunion où se trouvaient Michel, les associés de LAG, et le maire de Bédarieux. J'avais été le seul à m'opposer au transfert du siège social et Mr le maire m'avait répondu alors que ce n'était pas négociable, c'était tout ou rien.

Je n'imaginais pas une seconde déménager à Bédarieux. Je voyais un très grand nombre de difficultés et d'incertitudes autour de ce projet auquel j'avais très peu travaillé, mais j'avais finalement signé le contrat de location-vente, et tout le monde avait respiré. Je l'avais fait par fidélité à la relation qui s'était instaurée dès le début entre Michel et moi et qui faisait que je ne me sentais pas le droit de l'empêcher d'aller où il voulait aller, avec l'entreprise qu'il avait fondée. Je ne désirais pas faire une crise ouverte, partir, tout contester. Et puis je n'avais aucune autre alternative. A part les quelques minutes volées avec Mme D, tout mon temps disponible était consacré à LAG et à une vie familiale de plus en plus compliquée. Je ne savais plus trop ce que je désirais vraiment.

Le même mois nous avions reçu un courrier de l'INPI réclamant le renouvellement du dépôt de la marque LAG qui devait avoir lieu tous les dix ans. J'avais proposé à Michel qu'on dépose la marque à nos deux noms cette fois, car j'avais bien réalisé au cours de ces années, que comme lui, en cas de pépin, je n'aurais droit à rien, aucun chômage, aucune indemnité.

– La seule chose qui ait de la valeur dans cette boite Michel, tu le sais bien, c'est la marque. C'est le seul parachute qu'on puisse se mettre sur le dos si ça va vraiment mal.

– D'accord, il avait dit, mais alors c'est toi qui le payes. Et j'avais payé.

A la fin de l'année ma femme était partie quelques jours en stage. Elle s'absentait assez souvent pour des formations, quant à moi j'avais dû partir un peu plus tard à Amiens, Lille et Bruxelles, entre autres choses pour récupérer des paiements.

On avait livré quelques Anniversary, mais au final on avait vendu cent guitares de moins que l'année précédente. Le chiffre d'affaires global s'était réduit de 17% (-22% à l'export). Une fin d'année en demi-teinte, la première année de baisse, mais quand même ce n'était pas catastrophique voulait on croire.

## 1993 déménagement et licenciements, les difficultés s'accumulent, duels, Kitty Hawk.

Nous n'étions pas allés au Namm.

Dès les premiers jours de janvier, la délocalisation imminente s'était invitée dans le débat et il avait fallu se prononcer. Le résultat avait été sans appel. A la question : qui veut aller travailler (et s'installer) à Bédarieux ? La réponse avait été unanime : personne. En dehors de Michel et de Noël, dit Bubu, un apprenti récemment arrivé dans la boite et sans attache aucune, tous les salariés avaient refusé la délocalisation. Michel ne s'était pas découragé et avec l'aide de Mr Pages de l'Association Orb Développement, ils avaient programmé une sélection de personnel et une formation rapide sur site afin de mettre en route au plus vite la production une fois le déménagement accompli.

Nous avions convenu que François, Béatrice et moi, resterions à nos postes sur Toulouse afin d'accompagner la transition jusqu'à ce que Michel ait tout le personnel sur place. En attendant je devais me charger des licenciements. Les gars étaient tous dépités. Je m'étais renseigné, il fallait procéder à un licenciement économique. J'avais rédigé les convocations à l'entretien préalable et envoyé les lettres de licenciement dans les délais impartis par la loi à

Khedy, Miguel, Christian, Fouad, Cadamuro, Peyret, Seganti, Casca, Fayçal.

On était tous dans un état de sidération, ceux qui allaient se retrouver au chômage et ceux qui allaient rester, pour un temps indéterminé, à Moulis. On continuait à travailler et à livrer des guitares mais comme dans un état second. Quant à Michel il se projetait dans les nouveaux locaux, le nouveau mode de production, commandait des machines, et même s'il était conscient des difficultés cela ne semblait pas l'effrayer.

Le dernier weekend de février, un gros camion semi-remorque à plateau s'était pointé le samedi matin pour charger toutes les machines à bois, les ventilos, l'équipement, le bureau de Michel, les stocks de bois et de produits cabines. Michel était parti au volant de sa 205 GTI pour être sur place à l'arrivée du camion et il n'était plus jamais revenu au local à Moulis, à de rares exceptions près.

François et moi avions procédé au nettoyage des locaux vides. A cette occasion nous avions chargé tous les déchets de cabine, les pots de peinture entamés, les grands futs d'acétone, les filtres chargés de déchets, dans le vieux camion de Gérard du garage Jaguar en face de chez nous, pour les emmener à la déchetterie. Arrivés sur le site j'avais coupé le contact et là, une épaisse fumée blanche s'était échappée du moteur. Avec le chargement que nous avions il ne manquait plus que le camion prenne feu ! Pendant que ça fumait j'avais téléphoné en urgence à Gérard depuis le bureau de la déchetterie et il nous avait dit ce qu'il fallait débrancher. Aussi incroyable que cela puisse paraitre, la fumée avait aussitôt cessé et nous avions pu revenir avec le camion sans encombre.

Nous n'occupions plus que la partie neuve du local, François en bas dans la salle réservée au montage, Béa et moi à l'étage, chacun dans un bureau.

Je les avais laissés là pour partir à Francfort où le Musik Messe démarrait début mars.

Drôle de foire où j'étais seul avec Bruno, où Michel n'était pas présent, pour la première fois, remplacé d'une certaine façon par une grande photo du local de Bédarieux vers laquelle je me tournais pour expliquer aux clients les changements intervenus cette année. Je devais mettre en avant les avantages, les meilleures conditions de production, la qualité supérieure des guitares que nous y produirions, autant de choses auxquelles je croyais moi-même modérément. Et compenser le vide lié à l'absence de Michel, à l'absence de nouveau catalogue et de nouveau modèle comme on avait l'habitude d'en présenter chaque année avec succès.

Pas de drakkar cette année, mais un auditorium pour permettre les essais des guitares et des préamps Bogner, car les règles concernant les nuisances sonores s'étaient beaucoup durcies sur le salon à Francfort. Phil Campbell était venu sur le stand mais il était dépressif et prenait beaucoup de dope et d'alcool. Il passait tout son temps dans l'auditorium à moitié somnolent. Pourtant il pouvait se montrer vraiment sympathique et

François m'avait raconté qu'un jour il lui avait appris à jouer Rain song de Led Zep!

Le stand était beau, il y avait du monde, on avait fait le boulot sans états d'âme, enjolivant la situation et plaidant de l'intérêt de cette nouvelle usine pour améliorer la qualité et les délais de livraison.

– Et les prix, peut-être, nous demandait-on ?
– Mais oui, bien sûr ! Je faisais, mais pas tout de suite !

Pendant ce temps Michel organisait les choses comme il pouvait, avec le nouveau personnel et toutes les machines qui avaient été amenées. La semaine de mon retour de Francfort il avait reçu la cabine de peinture et la machine à commande numérique. Il pensait pouvoir relancer la production courant mars comme on avait prévu.

Un matin pendant qu'on prenait le café tous les deux, Béatrice m'avait informé du retard préoccupant des règlements de notre distributeur italien.

– Je l'ai relancé plusieurs fois, vous devriez l'appeler.

Au téléphone Martin m'avait alors avoué qu'il était en cessation de paiements. Il ne pouvait plus rien payer mais il avait un peu de cash qu'il pouvait me donner et des guitares à me rendre. J'avais dit : j'arrive.

Il était à Merano, au fin fond du Tyrol italien à deux pas de l'Autriche. J'avais roulé tout le samedi pour arriver là-bas en début de soirée. Martin m'attendait et m'avait réservé une chambre à l'hôtel. On avait fait nos affaires le dimanche, et le lundi j'étais reparti avec trois mille DM et une douzaine de guitares LAG. J'avais quitté les Alpes enneigées, les maisons blanches et ocres curieusement décorées de frises et de motifs en arabesques, et roulé toute la journée en réfléchissant à un tas de choses. Avec les problèmes de fabrication que nous allions affronter ces premiers temps je pensais revendre ces guitares facilement et avec une meilleure marge qu'à l'export.

Les clients appelaient et les fax arrivaient toujours à Toulouse où nous étions Béa et moi très occupés. On faisait les règlements et les commandes pour les fournisseurs dont je m'occupais que l'on envoyait ensuite à Bédarieux. On gérait les commandes clients, les livraisons et les facturations ainsi que l'administratif. J'envoyais le planning de production mensuel à Michel, un peu comme nous le faisions à Toulouse, mais nous avions réalisé très vite que c'était impossible.

Un jour Michel avait appelé complètement excédé. La cabine de peinture était en panne. Rien ne marchait, ni le chauffage, ni les ventilos, ni l'éclairage.

—  Elle est neuve, s'énervait Michel au téléphone ! Il avait passé un tas de coups de fil, perdu la matinée, jusqu'à ce que quelqu'un lui dise enfin :

—  Vous ne nous avez pas retourné une traite. La cabine se remettra en route lorsque vous nous aurez réglé la dernière échéance. Lorsque Michel nous avait rapporté cela je n'en croyais pas mes oreilles. On avait un retard de quelques jours à peine ! J'étais super indigné par ce procédé. Nous avions donc payé et la cabine avait redémarré.

Seul Michel savait faire des guitares, ses employés étaient en formation, il devait être derrière chacun d'eux et travaillait inlassablement. Il avait réussi à mettre en route les machines et le mode de production mis en place à Moulis, mais les gars n'avaient pas la technique ni le coup de main et la production avait baissé au moins de moitié dans les premiers mois. D'autre part la machine à commande numérique qui avait coûté très cher et qui aurait pu accroitre significativement la productivité était livrée, bien sûr, sans programme. Chaque modèle, et nous en avions pas mal, nécessitait son programme informatique pour être usiné. Un bureau spécialisé sur Narbonne créait ce type de programmes mais cela prenait un temps fou et coûtait aussi pas mal d'argent. Cet aspect n'avait pas du tout été anticipé ni intégré au plan de financement.

Je faisais de mon mieux pour faire passer les délais à rallonge auprès des clients. Quand les guitares étaient terminées, Michel les envoyait à Toulouse où François les vérifiait, les corrigeait, avant que Béa ou moi on les emballe et qu'on les facture aux clients. François faisait toutes les réparations qui se présentaient et assurait aussi le service après-vente. Le chiffre d'affaires de son secteur associé aux ventes que l'on pouvait faire sur place, les traites des magasins, tout était englouti dans le trou de la trésorerie. On jonglait sans arrêt pour faire passer les échéances et payer tout le monde, mais c'était dur.

J'accompagnais parfois les représentants dans leur tournée sur Paris ou dans le sud-est et d'autres fois je voyageais seul. Yvon Maillard nous avait finalement quittés pour monter son propre magasin, le Rockshop, à Montpellier, et pendant quelques mois ne trouvant personne pour le remplacer, j'avais fait les tournées à sa place.

Une fois j'avais amené avec moi mon pote Robert qui devait retrouver ses parents à St Etienne. J'avais pris des commandes chez Montlosier et Music-Hall à Clermont Ferrand. Les paysages d'Auvergne se dévoilaient à chaque virage, la route était magnifique et il faisait beau. Les parents de Robert l'attendaient ainsi que son frère pour célébrer un évènement familial et ils avaient décidé à cette occasion d'aller manger à St Etienne chez Pierre Gagnaire qui venait d'obtenir ses trois étoiles au guide Michelin. Comme j'étais là ils m'avaient invité aussi. C'était sympa et généreux.

Grâce à eux j'avais pu faire cette expérience extraordinaire de gastronomie raffinée, que je n'ai jamais oubliée. Le lendemain à St Etienne j'avais visité Mic Music, qui ne m'avait rien pris, pas plus que Pelegrini à St Chamond. J'étais passé à Lyon pour pas grand-chose et heureusement j'avais pris une bonne commande à Nimes, chez Auday Musique.

Une fois, en allant voir Michel à Bédarieux, je m'étais arrêté à Béziers et avais poussé la porte du petit magasin Musique Instruments rue Casimir Perier. Il ne payait pas de mine ce magasin mais peut-être pouvais-je y vendre quelque chose, je m'étais dit.

J'avais été surpris par Jacques et Edith les propriétaires. Ils étaient un peu marginaux comparés aux autres magasins mais je trouvais qu'ils avaient une bonne analyse commerciale. Ils vivaient dans le magasin même, avec deux petits enfants dont on voyait parfois le bout du nez dépasser du rideau tendu au fond de la pièce. Ils n'avaient pas l'air de rouler sur l'or mais ils n'avaient pas de crédit à rembourser, pas même aux fournisseurs. Jacques avait un orchestre de bal qui tournait bien, il était clavier. J'avais fini par comprendre qu'il voulait être le point de vente LAG à Béziers et que ça lui permettrait de se distinguer des autres magasins de la ville. Après avoir bu le café et sympathisé avec eux, j'avais fait le pari que ce papa et cette maman avaient un truc à eux pour vendre à leurs clients le matos qu'ils avaient, et j'avais dit OK. On était partis sur cinq guitares. Depuis ce jour avec Jacques c'était :

– Allo ami ? Ici c'est ami. Et on avait ensuite toujours travaillé ensemble.


Bruno m'envoyait des photos, par fax, des types que Danny rencontrait à Los Angeles.

– Tu sais, me disait Bruno au téléphone, ce mec Danny tout le monde le prend pour un musicos d'un groupe de L.A ! Avec l'allure qu'il a, il traine partout, avec les mêmes gens et il a un culot monstre ! Alors tu vois, il se fait pote avec le mec, et à un moment il lui file la guitare LAG dans les bras, et clic il fait la photo, tout naturellement ! Il m'a envoyé le guitariste de Coq

Robin, de Deff Leppard, Kulick de Kiss, avec des LAG tu vois, il est fou ! Naturellement je peux pas faire des pubs dans Fachblatt ou Musiker par exemple, mais Metal Hammer oui, pour changer. Voilà quoi.

– Et toi Bruno ça va, je lui demandais ? Je savais qu'il était séparé d'avec sa copine, qu'il ne dormait pas beaucoup et prenait pas mal de coke. Il répondait à côté, je le voyais, j'étais inquiet, bien sûr. Pour lui, et pour LAG.

Carlos Galindo en Espagne avait eu l'idée géniale d'organiser des duels de guitaristes. Il m'avait appelé pour me demander si je voulais bien l'épauler, par ma présence, à l'occasion de la finale du premier Duel de guitaristes qu'il organisait à Pamplona. Tous les guitaristes d'un grand quart nord-ouest de l'Espagne avaient été contactés par des affiches posées dans tous les magasins et ceux qui s'étaient inscrits s'étaient déjà affrontés dans des éliminatoires au niveau local. A Pamplona c'était la finale, la crème des guitaristes de rock ibérique. J'y avais retrouvé Carlos Creator qui devait faire le lever de rideau. Il m'avait proposé qu'on aille aux toilettes se faire une ligne de coke mais je n'avais pas voulu. Je l'avais regardé partir, longue silhouette dans ses habits noirs, et j'avais réalisé qu'il était toujours tout seul, je ne l'avais jamais vu accompagné.

Il était sorti de là, remonté comme un coucou, s'était campé sur le devant de la scène ave la LAG à la Madone que nous lui avions faite, et avait explosé dans un solo ultra énervé de trois ou quatre minutes. Le duel était lancé !

Carlos Galindo était très à son aise, il souriait, animait la soirée et dirigeait la compétition comme un pro. Il m'avait présenté au public, car LAG était le sponsor principal du concours. Les concurrents, peut-être une trentaine, s'affrontaient successivement par paires jusqu'aux derniers. Ils jouaient sur les mêmes amplis, les mêmes racks de pédales, mais avec leur propre guitare. Ils devaient se défier, se répondre, avec imagination et technicité, et un jury votait. Tout le monde avait un lot de consolation, mais le gagnant partait avec une guitare LAG offerte. La fin de soirée était animée par le groupe de Carlos, lui-même à la basse LAG Force 5, la salle était pleine, l'opération promo pleinement réussie. J'avais congratulé Carlos, car l'idée du duel était originale et donnait une dimension épique à la marque.

J'avais traversé les Pyrénées par Roncevaux et St Jean Pied de Port pour rentrer à Toulouse, ruminant mes pensées. Qu'est ce qu'on faisait avec Michel ? Un duel à distance ?

Un matin Béa était venue dans mon bureau m'apporter une lettre qu'elle venait d'ouvrir. Une convocation au tribunal des Prudhommes. Jacques, qui avait un avocat dans sa famille, avait porté plainte pour le licenciement. Le jour venu je m'étais expliqué devant le tribunal et personne ne contestait le fait du licenciement lui-même. Simplement j'avais omis de préciser « économique » dans la phrase « convocation à l'entretien préalable au licenciement ». Cette omission remettait tout en question même si

« licenciement économique » était mentionné dans une autre partie de la lettre. Le plaignant réclamait une belle somme, et nous n'avions pas un rond. J'étais reparti dépité et révolté. Sur le moment j'en voulais beaucoup à Jacques d'avoir fait cette démarche.

On passait d'un truc à l'autre toujours dans l'urgence. En octobre un magasin de Milan avait appelé pour signaler des problèmes sur des guitares. Avant que la personne au bout du fil n'ait évoqué la possibilité de les retourner je lui avais dit : on arrive.

J'avais demandé à François de m'accompagner. On avait pris rendez-vous un lundi après-midi,

Partis tôt le matin de Toulouse avec la R25, nous avions mangé les spaghettis vers treize heures à Milan, puis nous avions cherché la via Calabria et nous étions arrivés chez Produx s p l, le gros magasin en question, à l'ouverture. Claudia, une belle brune italienne souriante, nous avait conduits auprès de leur technicien en maintenance. François avait réglé quelques manches, réajusté un frettage, changé un potard, pas grand-chose. Il s'était bien entendu avec le gars et lui avait montré quelques astuces. Au final les clients italiens s'étaient montrés très satisfaits de notre intervention et remotivés pour vendre des LAG, mais on n'avait plus de distributeur dans ce pays. La tâche était difficile.

Sur la route du retour, le lendemain, on s'était arrêtés à Grenoble pour faire une petite visite chez Michel Musique, puis chez Ferré Musique, où l'ambiance était plus folklo.

A Lyon je voulais passer chez Guitar Shop où un jeune vendeur, Jean Marc M, avait vendu pas mal de LAG ces derniers temps. J'avais essayé de lui vendre les amplis Kitty Hawk que nous avions pris en distribution. La marque était fameuse. Les propriétaires, réfugiés en Hollande après avoir fait faillite en Allemagne, relançaient une nouvelle gamme de têtes et baffles style Marshall, bien relookés, à prix attractif, mais qui n'étaient plus 100% lampes. On avait commencé à les implanter mais ce n'était pas évident. Il fallait du temps. Et puis il y avait souvent des problèmes techniques qui compliquaient la relation avec le client. Cela faisait rentrer un peu d'argent mais on n'avait pas les moyens de s'y consacrer efficacement.

On entretenait la relation au téléphone avec Alain Aimé, Rudy Roberts et Fred Blondin, un chanteur à la voix éraillée qui passait à Taratata, et qui avait une LAG et une Larrivée. On était allés soutenir les Mama's Boys quand ils avaient joué à Montpellier, au Rockstore, la boite qui avait une Cadillac rouge encastrée dans la façade. François m'avait raconté qu'il avait bavardé au cours de la soirée avec Claude Jérome, le patron de Guitare Connexion, une jeune boite de distribution française que je ne connaissais pas.

Deux jours après je montais à Issoudun en camion, avec logos, banderole et pieds de guitares, pour exposer les LAG et les Larrivée tout un week-end. Je n'étais pas beaucoup chez moi en ce temps-là.

Côté production, Michel était au bout du rouleau. Une fois, lors d'une de ses rares venues à Toulouse, il avait eu un accident, il était sorti de la route avec sa 205 GTI qu'il avait cabossée, mais il avait eu plus de peur que de mal. Au téléphone, j'avais senti que Dani craquait, qu'il y avait trop de pression entre nous et qu'elle était inquiète pour Michel. Depuis le déménagement en mars, il n'avait pas eu un seul weekend de repos et malgré ses efforts il ne pouvait pas fabriquer le planning qui débordait sur le mois suivant.

C'était très difficile entre nous. J'évitais les réflexions. Michel ne se plaignait jamais. Un jour, je lui avais envoyé un courrier dans lequel je lui disais que ce n'était pas possible de continuer comme ça, moi ici et lui là-bas. J'imaginais des choses, j'envisageais de revendre mes parts tout en continuant peut-être à travailler pour LAG, mais d'une autre façon. Il m'avait répondu qu'il avait attendu au fil des samedis et des dimanches que se manifeste entre nous la « solidarnosc » du passé. C'était un vrai divorce que nous vivions.

Comment lui dire que cette aventure à Bédarieux n'était pas la mienne ? Qu'il me semblait qu'on allait droit dans le mur ? Comment lui dire que quelque chose ne fonctionnait plus. Mais je ne trouvais pas les mots pour le lui dire, et je n'arrivais pas à lâcher mon poste non plus.

Très vite, François avait été requis à Bédarieux une semaine vers la fin de chaque mois pour accélérer le montage et le réglage final des guitares, car c'était ce qui prenait le plus de temps. Il faisait régulièrement des nocturnes en plus de ses journées et rentrait de Bédarieux exténué. A ce qu'il racontait, l'ambiance était très lourde là-bas, personne ne parlait, il y avait beaucoup de tensions. Michel avait dû changer d'opérateur CN après quelque temps, changer de vernisseur ; il ne trouvait pas les bons gars pour bosser. Malgré cela, grâce aux efforts de François et au travail acharné de Michel et de la jeune équipe de Bédarieux, on était arrivés à livrer les bons mois autour de quatre-vingts instruments, avec des retards souvent, mais c'était inespéré.

Le chiffre d'affaires avait baissé de 30% par rapport à 1991, notre meilleure année, mais c'était logique. Cette année 93 était la plus terrible que nous ayons connue sur le plan du stress au travail et du stress entre nous. La trésorerie était hyper tendue. Cela faisait un mois ou deux que Bruno payait avec du retard. Il commandait moins, que se passait-il ?

Un jour de novembre Béatrice était entrée dans mon bureau l'air soucieux et m'avait dit :

    — Bruno a fait un impayé. Cofacredit a appelé, ils arrêtent de nous financer LAG Deutschland.

C'était une très mauvaise nouvelle.

**1994 Crash Bruno, Les lyonnais, Les détails qui tuent, Rory Gallagher, mort et séparation.**

Bruno s'était réveillé d'un seul coup quand son comptable lui avait dit :

– Vous savez, vous avez quarante mille DM dans la caisse, vous ne devriez pas les laisser là.

– Mais je n'ai pas quarante mille DM dans ma caisse, il avait bafouillé ! J'ai rien dans la caisse !

– Alors c'est qu'on vous a volé quarante mille DM, avait lâché le comptable.

Quand il avait monté sa boite, Bruno avait pris un petit magasin qui lui servait de base logistique pour la distribution. Stockage des LAG, expéditions, service après-vente, et il avait embauché un copain musicien, Mr D, pour faire des réparations, de la vente d'accessoires, et être là quand lui n'y était pas. Bruno savait Mr D un peu alcoolique, mais qui n'a pas de défauts ? Il était bon pour les réparations, aimait les guitares et Bruno lui faisait confiance.

En fait Mr D piquait dans la caisse depuis toujours. Il n'y avait pas de code barre et Bruno ne faisait l'inventaire qu'une fois par an, vite fait, il n'y avait donc aucun contrôle.

Et puis Bruno depuis 1992 était débordé. Il courrait partout, vendait bien mais ne gérait rien. Il avait dû remettre de l'argent perso dans sa boite et il aurait dû dès ce moment-là faire plus attention mais il avait laissé filer.

La coke coutait cher, le leasing de l'Audi V8 la plus grosse Audi de la terre, aussi. Le téléphone qu'il avait fait installer dans la bagnole et la vie sur les routes faisaient exploser les frais tous les mois. Il dépensait plus qu'il ne gagnait, il ne dormait plus, il était insécurisé et frénétique.

Comme son pécule baissait inexorablement il avait pris rendez-vous chez son comptable qui lui avait fait déposer le bilan. Sa dette personnelle dépassait les cent cinquante mille DM. A la toute fin il nous devait, à nous, dix-sept mille DM que nous n'avions pu récupérer d'aucune manière. Sa dette auprès de nous était beaucoup plus importante mais il l'avait réduite en vendant pendant quelques mois des guitares et en nous envoyant directement le règlement de ses clients. Les retards de paiement, le gros impayé de Bruno, avaient plongé la trésorerie dans le rouge et la boite dans l'impasse.

Pour faire face à la situation, nous avions accepté, Michel et moi, un prêt personnel de cent cinquante mille francs (23.000 euros), pour lequel nous étions caution solidaire. J'étais fou de rage d'avoir accepté de signer une caution personnelle au pire moment de notre boite, alors qu'on avait toujours évité cela depuis le début. Mais que faire ? Pas plus que Michel je ne me résolvais à déposer le bilan, nous avions toujours l'espoir d'un miracle.

Ceux que l'on avait appelés par la suite « le gang des Lyonnais », étaient au nombre de quatre et avaient fait leur apparition début 94.

Jean Marc M était le fameux vendeur de guitares du magasin Guitar shop à Lyon. Il avait parlé des LAG à Jacques P un client à lui, banquier à la Marseillaise de Crédit. Il lui avait dit que les guitares étaient bien mais que la boite avait des problèmes.

– Ya peut-être un coup à faire, avait dit Jean Marc mi- sérieux, mi- rigolard ?

– Pourquoi pas ? Je vais en parler à Patrice R, tu sais mon pote client qui est industriel, il connait bien ce genre de dossier.

– Ouais ça serait bien, j'ai envie de me tirer d'ici moi. Tu sais, je me verrais bien en train de vendre ces guitares-là dans toute la France !

Jacques en avait aussi parlé à son client et ami Bordelais Jean Serge L qui était dans l'immobilier et plutôt à l'aise d'un point de vue financier.

– C'est marrant que tu me parles de ça, Jacques. Figure-toi que dans l'avion qui me ramenait à Bordeaux j'ai lu un article sur LAG justement, dans une revue économique tu sais, et ils disaient qu'ils recherchaient des capitaux.

De fil en aiguille ils nous avaient contactés et nous avaient invités peu de temps après à Vaux en Velin à côté de Villeurbanne à l'est de Lyon où Patrice R avait son usine. Leur idée était d'entrer au capital et de restructurer tranquillement l'entreprise. Ils se présentaient tous les quatre avec leurs spécificités, chacun racontait les raisons qui le motivaient à prendre part à l'aventure. Ils avaient des sous à placer et l'exotisme de LAG, ce milieu musical décalé par rapport à leur business habituel leur donnait l'impression qu'ils allaient pouvoir s'amuser un peu. Ils s'ennuyaient presque dans leurs activités, à les entendre. Jacques, Jean Marc et Patrice étaient par ailleurs guitaristes ce qui bouclait la boucle. Ils étaient très différents de nous, très sérieux mais pas pressés. Nous, nous l'étions davantage.

A Francfort nous avions repris le stand avec Metal Hammer. Nous utilisions toujours les ponts d'éclairage du pote à Manfred qui garantissaient une chaude lumière sur les guitares et faisaient comme si le stand était sur une scène. C'était beau. On avait regroupé les guitares par familles et par associations de formes ou de couleurs sur des stands de cinq à neuf instruments, bien déployés sur la moquette sombre. La vitrine avec les catalogues face à l'entrée faisait comptoir d'accueil, sur la gauche se trouvait une table et des chaises, et à droite exposée dans sa valise, la guitare pliable de Keith.

Bruno était passé pour s'expliquer et essayer de vendre quelques guitares auprès de ses anciens clients. J'essayais d'être pragmatique avec lui, peut-être trop compréhensif aux yeux de certains. Michel en revanche lui faisait la gueule. Malgré la déconfiture générale qui nous frappait et les dissensions entre Michel et moi, nous n'avions rien lâché sur les guitares. La gamme était serrée et cohérente, composée de modèles qui avaient fait leur preuve, Beast, Rockline, Roxanne, améliorés au fil des années, proposés dans des finitions flashy classe (Metal Master) ou classiques Deluxe, qui depuis toujours avaient fait la renommée des guitares LAG. Même si certains modèles n'étaient toujours pas fabriqués à la machine à commande numérique, dans l'attente des programmes, le changement de mode de production avait été l'occasion de repenser chaque modèle dans sa dimension propre et de révéler la personnalité de chaque guitare.

Le catalogue réalisé cette année-là titrait : « Les détails qui tuent ». On n'était plus dans les années 80 avec la Californie. La couverture, très graphique et sur fond blanc, montrait un type aux cheveux courts passant un œil au-dessus de ses Ray ban pour examiner un manche LAG Rockline qui traversait littéralement la page ! A l'intérieur se trouvaient de splendides photos en gros plan de guitares, dont la Roxanne Deluxe avec cordier Lyre, qui apparaissait pour la première fois. Un très beau catalogue, très explicite, qui insistait sur les détails qui faisaient des LAG des guitares pas comme les autres.

Il se terminait par les Custom Shop Series, avec un bon de commande joint et un gros plan sur un corps de Rockline noire aux formes luisantes avec un motif custom, peint par Pelissou, appelé une nouvelle fois à la rescousse, un crane serrant une rose rouge entre les dents. C'était classe !

Autre nouveauté et ballon d'essai dans cette gamme LAG 94, la Rockline Light, un petit budget, équipé d'accessoires et de micros Coréens. On avait revu tous nos clients, les suisses de Transit Music, Michel Hamelrick et Anastasios Liolios, le Grec, qui avaient commandé des guitares, ainsi que des Italiens et des Suédois.

Au mois de Mai on avait enfin trouvé un remplaçant à Yvon Maillard en la personne de Xavier Olivaud, un jeune toulousain avec expérience commerciale, good looking et bassiste de surcroit. Lors de la sélection j'avais hésité entre lui et un autre mais quand j'en avais parlé à Béa, j'avais vu qu'elle préférait Xavier.

Son secteur était simple à délimiter puisqu'il comprenait tout ce qui était au sud d'une ligne La Rochelle- Chambéry. C'était très grand. Il faisait ses tournées mais aussi beaucoup d'appels téléphoniques depuis l'ancien bureau de Khedy, à côté de Béa. Sa venue égaillait nos existences séparées par l'escalier. On se sentait de plus en plus abandonnés dans ce bâtiment.

Je ne savais rien de ce que faisait Michel là-bas en dehors des plannings et des guitares à livrer dont nous parlions au téléphone. Boulot-boulot. Il ne me posait pas de question, je n'osais pas lui en poser, mais on s'interrogeait avec François et je parlais souvent avec lui pour essayer de comprendre la situation là-bas. Car François passait toujours au moins une semaine à Bédarieux. Il partait avec sa 504 coupé et ne revenait que quand le planning était torché, épuisé par de nombreuses nocturnes et démoralisé par l'ambiance et les rapports entre Toulouse et Béda, devenus secrets et méfiants. Nous avions revu les Lyonnais lors d'une réunion en Juin à Bédarieux avec les Charbonnages de France, et parfois l'un d'eux me téléphonait. Il me posait des questions sur Michel et devait faire de même avec lui à mon sujet. Je ne comprenais pas trop ce qu'ils cherchaient à faire, le temps passait, leur option était-elle le dépôt de bilan ?

Tous les jours avec Béa on attendait le courrier et dès qu'on pouvait faire une bonne remise de chèques ou de traites, on avertissait le banquier, Mr Bernhard, qui immédiatement débloquait un paiement en attente. Je lui avais expliqué la situation ainsi qu'à la plupart des fournisseurs en valorisant bien entendu les aspects positifs et en leur disant que c'était une mauvaise passe. J'y croyais moi-même en dépit des difficultés, et tout le monde nous suivait. Avec notre comptable, Madame Labadie, nous avions fait la liste des retards de paiement par fournisseurs et on négociait les délais. C'était une bagarre permanente, usante, je n'en pouvais plus des problèmes d'argent.

Par ailleurs il fallait continuer à s'occuper des bancs d'essai et de la promo. On avait monté un concours avec Guitare & Claviers, il fallait montrer qu'on avait la pêche quoi ! Ce n'était pas facile pour moi. En Juin avait eu lieu l'assemblée générale ordinaire de l'exercice précédent et j'avais aussitôt faxé bilan et CEG aux Lyonnais et aux Charbonnages, mais bien sûr la situation avait évolué depuis en six mois. Le catalogue et Francfort représentaient de grosses dépenses, et nous avions commencé à rembourser les prêts de Bédarieux. On ne sortait pas assez de guitares et la distribution ne vendait pas assez. On s'enfonçait.

J'avais pris quinze jours de vacances en aout à Hossegor avec ma femme et mes filles, mon beau-frère et ma belle-sœur, dans la maison qu'ils louaient et qui était vaste, avec un beau jardin. Malgré les cigales, les pins, le vent du large et le soleil, l'ambiance était lourde, ça ne se passait pas bien entre ma femme et moi. Tout allait de travers. J'étais revenu chez LAG début septembre pour fournir avec la comptable un état des dettes et un CEG au 30 Juin que j'avais faxé aux différentes personnes qui semblaient veiller sur notre avenir. Personnellement je ne me voyais plus un grand avenir.

Nous avions fait le salon de Paris en septembre, Xavier et moi. Boulot-boulot. Mme D, mon amie, était, elle aussi sur Paris pour une formation à la même période et ce n'était pas tout à fait une coïncidence. Je l'avais retrouvée le soir après le salon à son hôtel. C'était incroyable d'être ensemble à Paris.

Le matin j'étais reparti au salon et elle en formation, et le soir on s'était revus, et comme ça pendant trois jours. Lorsqu'elle avait dû repartir, au petit matin, je l'avais accompagnée jusqu'à son arrêt du bus, et au retour j'avais pleuré tout le long du chemin en rentrant à l'hôtel. J'étais bouleversé. J'étais à deux doigts de craquer.

Souvent, Jean Serge L, le Lyonnais Bordelais passait par Toulouse. C'était un homme d'une belle prestance, toujours parfaitement habillé de costards classiques sombres. Il arrivait dans une grosse berline noire et fumait de gros cigares. Des barreaux de chaise. Il m'en offrait un et l'allumait selon le rituel du fumeur de Havane, puis il me rappelait de ne pas avaler la fumée, ce que je faisais un peu malgré tout.

Il me disait que Patrice R optait pour un dépôt de bilan et une restructuration derrière. Je trouvais ça angoissant car personne n'expliquait à quoi ça pourrait ressembler et ce que nous deviendrions les uns et les autres. Jean Serge était partisan d'une entrevue au Tribunal de Commerce de Béziers pour une demande de moratoire.

– Il n'y a pas de publicité, personne n'en saura rien, me disait-il.

Michel et moi ne savions que faire. Nous en parlions bien sûr entre nous puis nous remettions la tête dans le guidon, dans l'attente d'une solution, d'une bonne nouvelle, d'un miracle.

Michel avait trouvé un autre investisseur potentiel en la personne de Mr Seguy qui dirigeait un groupe financier auquel appartenaient les Pianos Rameaux. Je n'avais pas trop connaissance de leurs échanges. Michel s'intéressait aux synergies possibles entre les deux unités de fabrication et voyait soudain avec un grand intérêt cette possibilité de se faire racheter par ce groupe. J'avais moins d'informations que lui et je ne savais que penser sinon que l'on n'allait plus pouvoir tenir très longtemps comme cela. C'est alors que nous avions appris une terrible nouvelle.

Monique, la compagne de François, figure populaire de « la Voie 12 », la boite rock Toulousaine du quartier Croix Daurade, était décédée subitement à son domicile suite à des problèmes de santé importants. Moment terrible pour François. Grand choc pour nous tous.

Au bout de quelques jours quand je lui avais demandé quand il comptait reprendre le travail, il m'avait envoyé balader vertement. Il était très touché notre pote. Puis il était revenu, avait serré les dents et on avait pu de nouveau compter sur lui à Toulouse comme à Bédarieux. Ses compétences, son expérience et sa rapidité le rendaient indispensable et son planning était toujours archi complet. Et il en avait marre.

Carlos Galindo avait organisé son second Duel de Guitaristes à Pamplona et m'avait commandé des guitares et quelques manches que j'étais heureux de lui expédier. On approchait de la fin de l'année et on avait vendu quelques neuf cents guitares ce qui n'était pas mal, même s'il y avait beaucoup de Rockline Light dans le tas.

Le chiffre d'affaires s'était un peu redressé mais restait encore plus de 20% inférieur à celui de notre meilleure année. L'entreprise comptait dix salariés, dont quatre à Toulouse, cela aussi coutait cher et ne pouvait se justifier éternellement. Côté vie privée, ça allait mal. J'étais inquiet du tour que prenaient les choses. Je sentais que tout pouvait arriver.

Je resassais ces idées moroses, hypnotisé par le va et vient des essuie glaces, un soir pluvieux de décembre en roulant sur l'autoroute vers Bordeaux.

On m'avait dit : Rory Gallagher joue à Talence, il est intéressé par LAG, il veut savoir s'il peut se faire fabriquer une guitare. J'avais parlé au téléphone avec des gars de la production et ils m'attendaient. Je savais que Rory avait des problèmes de santé mais je ne pensais pas que c'était à ce point. Le concert avait été pathétique, on voyait qu'il était très diminué, lui qui était tellement infatigable. Je l'avais rencontré dans sa loge après le show, il était comme sous calmants, très ralenti mais tout de même intéressé par la guitare Blues que je lui avais amenée. Le poids était parfait, l'atmosphère générale ok m'avait-il dit. J'avais fait la liste de tous les points qu'il trouvait importants. Surtout le radius et l'arrondi du manche, ce feeling rond des vieilles strats, avait-t-il insisté. A la fin il m'avait dit :

— Tu sais Fred, ce sera ma dernière guitare.

Il était jeune, il avait encore les cheveux bruns, et cette guitare il voulait vraiment se la payer avant de mourir. J'avais senti un truc comme ça.

J'étais reparti dans la nuit vers Toulouse avec l'adresse et le téléphone du frère de Rory, Donal, et de David, son guitar tech.

C'était génial pour LAG cette guitare Rory Blues.

Il pleuvait doucement sur le parebrise.

Vers la fin du mois, peu après Noël, ma femme m'avait déclaré qu'elle me quittait. En deux jours, elle avait emporté ses affaires dans un appartement qu'elle avait déjà loué quelques rues plus loin. J'étais anéanti. Ma sœur m'avait secouru.

# 1995 Mister Goelsdorf, licenciements, Rose, épilogue.

Béa et François avaient accueilli ma détresse à la reprise début janvier et cela m'avait aidé à me ressaisir. Je passais mon temps au téléphone avec les magasins puis à dispatcher les infos entre les uns et les autres, modifier les plannings, et entre deux j'essayais de m'occuper de ma situation personnelle. Me renseigner, faire des démarches, séparer nos comptes, téléphoner à des amis, des avocats. A la maison j'étais le plus souvent seul, avec Tadzio, le petit teckel, que ma femme m'avait offert un an avant de me quitter. Pour la première fois LAG ne représentait plus la même chose qu'avant, c'était important car c'était mon gagne-pain, mais j'avais d'autres chats à fouetter.

Nous avions appris avec tristesse l'hospitalisation dans un état grave de Rory Gallagher, et cette mauvaise nouvelle qui douchait nos espoirs d'une Rory Blues, allait dans le même sens que tout ce qui nous arrivait. Down ! Down ! Down !

On avait parlé de Francfort et programmé les guitares à amener. Sans apport financier extérieur on ne pouvait pas y aller et sans le salon de Francfort et ses retombées on ne pouvait pas continuer. J'avais budgété l'opération et les Lyonnais s'étaient engagés à financer. J'étais alors monté à la Musik Messe avec Xavier et

Tadzio, le teckel qui ne me quittait plus, dans un Renault Espace de location bourré à craquer, et Michel nous avait rejoints plus tard par ses propres moyens.

On avait refait le grand stand LAG-Metal Hammer tout éclairé, avec des groupes de guitares brillantes et colorées répartis sur la moquette et en fond, dominant la scène, le grand logo LAG en contreplaqué que Michel revernissait à chaque salon. Keith et Crissy, présentaient cette année un modèle de basse LAG pliable. Ils nous faisaient rire ces Anglais, ils étaient pleins d'humour et de gentillesse. C'était invendable leur truc, mais c'était si bien fait, si raffiné dans le moindre détail, et ils étaient eux-mêmes tellement persuadés que c'était plus chic de se balader avec un attaché case, plutôt qu'avec un étui de guitare, qu'on ne pouvait que sourire en contemplant notre basse pliée en deux !

Bruno venait d'être embauché chez Warwick. Je lui avais demandé s'il ne pouvait pas nous aider à trouver un distributeur en Allemagne. Quelque temps plus tard au téléphone, il m'avait donné le nom de Dieter Goelsdorf et m'avait dit :

– Je lui ai parlé. Tu sais, c'est le mec qui faisait Rockinger en Allemagne, les premiers kits de guitare en Europe, tout ça, tu connais ? Bon, le problème c'est qu'ils ont fait banqueroute, avec plein d'histoires entre associés. Lui il vient de redémarrer une boite, vois avec lui, peut-être ça peut l'intéresser.

J'avais appelé Dieter et nous avions convenu de nous retrouver à Francfort. Il m'avait donné le numéro du stand qu'il partageait avec un mec. J'étais allé le voir. Il était assez costaud, avec des lunettes et des cheveux gris bouclés, plutôt simple et accueillant. Il ne jouait pas les vedettes.

Il voulait bien essayer de distribuer les LAG, mais sans enthousiasme. Il m'avait expliqué sa situation qui était loin d'être florissante. Nous avions bu quelques verres de vin blanc italien dont il avait amené quelques cartons, presqu'autant que de guitares, et en parlant je lui avais évidemment raconté que ma femme venait de me quitter. Il m'avait répondu du tac au tac :

– Moi aussi !

Après un petit rire gêné, nous nous étions sentis beaucoup plus proches. Nous étions allés chercher quelques guitares LAG pour les mettre sur son bout de stand et j'étais resté assis avec lui un moment à observer ses clients et les gens qui le saluaient. Il trouvait les LAG très bien faites mais n'aimait pas ce type de guitares avec vibrato Floyd et manche fin. Il avait une dent contre Floyd Rose.

Il m'avait raconté ce qu'il s'était passé avec Eddy van Halen. Il l'avait rencontré en Allemagne et lui avait fait essayer une guitare équipée d'un vibrato qu'il avait inventé, qui ne désaccordait pas. Eddy avait adoré ce vibrato révolutionnaire et il en avait commandé un à Dieter. Pas de chance, à peine de retour aux States, Eddy était tombé sur Floyd Rose un guitariste qui venait de terminer le long cheminement de création qui l'avait conduit à son vibrato à double blocage, le même principe exactement que celui de Dieter ! Au téléphone

Eddy avait fait jouer la fibre patriotique et annulé sa commande. Finalement le vibrato de Dieter n'avait pas eu le sort qu'il aurait pu avoir.

Je découvrais peu à peu le bonhomme. Je faisais des aller-retours entre notre stand et le sien. Je restais moins chez LAG à guetter les clients, je savais qu'il y avait Xavier et Michel.

Je commençais à me détacher de la destinée de cette entreprise avec laquelle j'avais vécu dans une symbiose totale pendant tant d'années. Depuis la séparation avec ma femme, je me sentais différent, et seul, un peu comme si c'était la première fois depuis très longtemps. Tout ce que je vivais résonnait étrangement et je ressentais des choses nouvelles dans mon travail, que je ne percevais pas avant.

Sur le stand, Danny qui était rentré de Los Angeles, squattait comme à son habitude toutes les photos que l'on prenait de Dweezil Zappa et Phil Campbell venus une fois de plus soutenir LAG et faire aussi leur promo.

Phil avait fait des démos, seul à la guitare, debout sur le podium en casquette américaine et chemise à carreaux et il avait attiré du monde. Dweezil était plus discret. Bronzé et de noir vêtu, T-shirt noir en V et bonnet noir sur la tête il jouait des choses plus techniques. Xavier me disait :

— Phil Campbell, oui il est connu, mais Dweezil personne ne le connait, à part que c'est le fils de son père.

J'avais répondu à Xavier que la notoriété n'était pas la seule chose importante. La relation que nous avions tissée pendant ces années comptait beaucoup et elle engageait notre avenir. J'avais partagé des repas avec Gail, l'épouse de Frank Zappa, Dweezil, Ahmet et Moon la grande sœur. Alors pour moi, le fait qu'il soit là sur le stand, le fils de Zappa, c'était tout simplement incroyable et génial. Il était jeune, la coopération entre nous pouvait durer des années, va savoir ?

A la fin de la foire on avait tout remballé dans le Renault Espace et on avait pris la route Xavier et moi, le petit teckel devant, entre les jambes. A Orange on était tombés en panne.

On avait dormi à l'hôtel, dans le même lit, payé par l'assurance qui nous avait fait parvenir le lendemain un véhicule de remplacement. On avait vidé le Renault, tout rechargé, et on était enfin arrivés à Toulouse.

A partir de là les choses s'étaient encore accélérées. Karima, la secrétaire de Michel à Bédarieux, était venue en formation à Moulis, car elle était amenée à remplacer Béatrice à très courte échéance. Je ne décidais plus rien et faisais ce qu'on me disait de faire. Fin Avril j'avais procédé au licenciement de Béatrice et de François et c'était presque un soulagement pour eux. Entre temps Jean Marc M. qui bouillait d'impatience avait démissionné de son poste chez Guitar Shop, s'était acheté, lui aussi, une grosse Audi et s'était fait embaucher chez LAG comme responsable commercial. Je ne contrôlais plus rien, je voulais quitter. Mais comment faire ? C'était le cadet des soucis de tous ceux qui m'entouraient.

Dieter m'avait demandé au téléphone s'il pouvait passer chez moi une semaine pour Pâques car suite à son divorce il était seul avec sa fille et ça lui faisait bien envie de venir dans le sud à Toulouse. J'étais moi aussi seul dans la maison donc je lui avais dit ok. C'était un gars très curieux qui ne s'ennuyait jamais, et c'était aussi, je le découvrais avec surprise, un Allemand qui aimait la France. Il fumait des Gitanes, aimait le style de vie français, appréciait le vin et la nourriture. Il écrivait, prenait des notes et un tas de photos. Un jour il était allé faire le marché à St Cyprien sous la Halle, et il avait ramené une grosse dorade qu'il avait fait cuire au four. On s'était régalés.

Il était passé chez LAG à Moulis avec moi, s'était baladé dans Toulouse avec sa fille, et nous avions beaucoup parlé tous les deux, en anglais, du business et de nos vies.

La relation avec Mme D s'était arrêtée depuis le début de l'année au moment de la séparation avec ma femme. J'avais passé l'hiver à travailler et soigner mes blessures et en avril j'avais fait la rencontre de Violette, une femme très attirante, lors d'une soirée. Telle Cendrillon s'échappant du bal elle m'avait tendu en partant sa carte de visite et comme je n'en avais pas, j'avais découpé le dessus de mon paquet de Craven A, avec la tête de chat noir sur fond rouge, j'avais noté mon téléphone derrière et je le lui avais remis en guise de carte. Quand je pensais à elle, les galères de LAG devenaient contingentes, et je pensais souvent à elle. Tout le temps.

J'avais fait un premier déménagement à Bédarieux de la compta et des archives de LAG, puis j'étais resté seul dans mon bureau. Xavier bossait toute la semaine à Bédarieux et dormait dans un gite que les Lyonnais avaient loué aussi pour Jean Marc M. J'avais préparé les convocations à l'assemblée générale ordinaire et tous les documents. J'allais à Bédarieux une à deux fois par semaine pour rencontrer l'un ou l'autre et suivre la situation. Je voulais quitter la boite mais personne ne voulait signer le procès-verbal qui mettrait fin à mes fonctions. Je comprenais qu'ils avaient d'autres priorités et des tas de problèmes à régler, aussi j'avais pris les choses en main. J'avais fait un dernier déménagement d'archives, résilié le bail de Moulis, fait l'inventaire au 30 Juin puis envoyé ma lettre de démission à Michel et aux Lyonnais. Je ne voulais plus être comptable de ce qui se passerait.

La semaine d'après, je partais avec ma fille Rachel et sa copine Gwen au festival d'Avignon. Je découvrais les nouvelles obligations des parents séparés, les vacances seul avec les enfants, avec curiosité et un certain plaisir. Violette nous avait rejoints le temps d'un week-end dans les rues ensoleillées de la ville et sous la tente au camping de l'île de la Barthelasse. J'avais passé l'été à me demander ce que j'allais bien pouvoir faire pour gagner ma vie. J'avais eu mon salaire de juin et mes congés payés, ça n'allait pas durer très longtemps.

Vers la fin de l'été j'avais appris que LAG avait déposé le bilan. L'épineux problème des cautions et du passif exigible nous tombait dessus, à Michel et à moi, et nous nous étions revus pour en parler. Le gros problème était le prêt personnel que nous avions contracté l'année précédente et dont on exigeait le remboursement. Pour Michel comme pour moi ce n'était vraiment pas possible, et nous avions pris un avocat du barreau de Béziers, Maitre Guilhabert, pour contester cette mesure.

A ma grande surprise Michel m'avait appris que LAG avait été racheté non pas par les Lyonnais, mais par Claude Jérome et Guitare Connexion. Les Lyonnais s'étaient quand même beaucoup investis pensais-je, ils devaient l'avoir mauvaise. Que s'était-il passé ? Je ne le savais pas.

Michel m'avait expliqué qu'on allait nous racheter la marque et que je toucherais 50% de la somme. Lui, devenait le directeur de la fabrique dans la nouvelle structure.

Quelques jours plus tard j'étais convoqué chez Maitre Estève à Bédarieux, et je sifflotais dans ma bagnole sur la route de St Pons à l'idée de ce chèque qui ne pouvait mieux tomber. Je n'avais pas du tout imaginé que ma femme serait présente au rendez-vous et que je devrais partager avec elle. C'était pourtant logique, nous vivions sous le régime de la communauté. Le notaire nous avait donc remis un chèque à chacun, et je voyais bien qu'elle jubilait tandis que je m'étranglais.

Je m'étais vite accommodé du règlement de cette affaire qui était malgré tout positif et inespéré. L'argent n'avait jamais été la chose la plus important à mes yeux, mais j'en avais besoin et j'en avais un peu. Très peu. La liberté, en revanche, je la savourais pleinement. Bien qu'incertaine, ma situation redevenait intéressante, ma vie m'appartenait pleinement à nouveau, et je n'allais pas en faire n'importe quoi.

Michel continuait sa route, rassuré par le rachat et son nouveau statut, prêt dans ce nouveau départ à pousser les guitares LAG aussi loin qu'il le pourrait. Et il l'avait fait, jusqu'au bout, consacrant à LAG la totalité de sa vie professionnelle.

L'aventure LAG s'était arrêtée là pour moi, cristallisée dans un coin de ma tête et dans de vieux agendas au fond d'un tiroir. Fondamentalement bonne, instructive, puissante, au point que j'avais eu envie de la raconter quarante ans plus tard. Naturellement il s'était bien passé quelques années avant que Michel et moi et les autres reprenions contact peu à peu.

Les années LAG ont marqué chacun d'entre nous pour la vie, de façon différente : Michel, Dani, Paul, Patrick, François, Miguel, Christian, Béa, Xavier, Bruno, et tous ceux qui ont travaillé avec nous, que je cite et que je n'ai pas revus. Un lien têtu, indestructible, un moment rock'n'roll nous relie les uns aux autres, et pour toujours, sans oublier ceux qui étaient là, qui ont fait le job, et qui sont déjà partis : Jacques, Fouad, « La Fouque », « Le Zonze ».

« A LAG never dies », écrit sur le manche de la guitare, était vraiment une phrase prophétique. Lancée dans les années 90, cette devise innocente a réussi à inspirer toutes les personnes qui par la suite ont eu la charge de porter haut le flambeau de la marque. Qu'ils en soient tous ici remerciés !

Aujourd'hui encore des centaines de guitares LAG sont vendues de par le monde, elles ne sont plus fabriquées à Toulouse, ni à Bédarieux. Qu'importe !

Nous avons semé la graine et fait pousser suffisamment de guitares pour que l'histoire continue encore et encore. Et nous savons que tout ce que nous avons fait et vécu ensemble, c'était bien et ce n'était pas pour rien.

Remerciements :

Merci à ma mère pour ses relectures patientes et attentives, merci à Violette Fernandez ma compagne pour son amour de la vie et son indéfectible soutien. Merci à François Artige, pour sa mémoire et ses anecdotes, ses encouragements répétés dans l'écriture de ce livre. Merci à Patrick Faubert et Paul Saurat pour leur interviews. Merci à Dani et à Michel Chavarria dont la rencontre a carrément fait changer le cours de ma vie. Merci à Guillermo Salgado, mon voisin catalan, pour la mise en page de ce livre, merci enfin à Bob Kulick guitariste de Kiss et de Meat Loaf, aujourd'hui disparu, pour la photo de couverture !